BIBLIA PARA TODAS

EL CONOCIMIENTO DE LA PALABRA
QUE TODAS NECESITAMOS

BIBLIA PARA TODAS

JEANINE MARTÍNEZ

Biblia para todas: El conocimiento de la Palabra que todas necesitamos

B&H Publishing Group
Brentwood TN, 37027

Diseño de portada: Lindy Kasler
Shutterstock 2212229211

Clasificación: 220.07
Clasifíquese: ESTUDIO BÍBLICO Y ENSEÑANZA \ BIBLIA—USO \ BIBLIA—LECTURA

ISBN: 978-1-0877-3414-9

Impreso en EE. UU.
1 2 3 4 5 * 27 26 25 24

Índice

Introducción

Toda la fe cristiana se basa en un libro: la Biblia. Ese libro apunta y nos revela a un Dios. Es la base y el fundamento de toda nuestra fe, lo que practicamos como individuos y comunidad cristiana. Ese libro contiene la historia de la humanidad y describe su destino final.

Quiero contarte mi historia. Creo que no es muy distinta de la experiencia de muchos creyentes en nuestro continente. Mi pasión por la Biblia empezó cuando tenía cinco años; aún recuerdo mi primera escuela dominical. Una vecina me llevó a una casa donde había un pequeño grupo reunido. Los bancos donde nos sentábamos eran tablones de madera sobre dos bloques sobrantes de una construcción. Recuerdo unos chicos mayores que yo, en su adolescencia, pero desde mi perspectiva a esa edad, todo el mundo era «mayor». Los chicos a mi alrededor eran los hijos de las dos familias pastorales que estaban iniciando la iglesia.

Una historia cautivó mi infantil imaginación. Se trataba de una chica que fue a un concurso tipo «Miss Universo». Su tío la había criado y un villano quería destruirla a ella y a su pueblo. Recuerdo que el villano había preparado una horca y una acusación falsa en contra del tío. La chica, quien pasó a ser la reina, logró que colgaran al villano y Dios los salvó a ella, a su tío y a su pueblo. La narración era sobre la historia de Ester.

Entonces, le rogué a mi mamá que me siguiera enviando con la vecina a esa iglesia. Aunque se trataba de una iglesia evangélica y nosotros no éramos evangélicos, yo sentía que Dios estaba ahí y quería seguir asistiendo. Y apenas a unas cuadras de mi casa, en la Congregación Cristiana Puerta Abierta, Dios me tenía guardada una familia. También oraron por mi mamá, quien, dos años después de mucha predicación, vino a conocer a Cristo.

Mi pastor de mi niñez y adolescencia hacía mucho énfasis en la Biblia, y trabajaba en ese entonces para la Sociedad Bíblica Dominicana. La historia de cómo la Biblia y las historias que contenía llegaron a nosotros me dio una idea: yo podía ser como Mary Jones, la niña cuya historia y pasión motivaron el inicio de las Sociedades Bíblicas[1]. Mary Jones soñó y ahorró dinero con mucha determinación durante seis años para comprar una Biblia en su idioma. A los quince años de edad, caminó más de cuarenta kilómetros para cumplir su sueño de tener una Biblia en galés, su idioma natal. Ese mismo deseo y pasión de conocer la Biblia y compartirla de manera comprensible con otros quedó en mi corazón. Me tomé muy en serio las enseñanzas de mi pastor de que cada discípulo de Cristo debía hacer discípulos sin importar su edad, y que todo discípulo de Cristo debía conocer su Biblia. Y con esto, se encendió la chispa de una comisión a la enseñanza bíblica y una pasión creciente por dar a conocer Su Palabra de una manera accesible a todo tipo de creyentes.

¿POR QUÉ ESCRIBIR UN LIBRO SOBRE LA BIBLIA?

En nuestro contexto, probablemente demos por sentado como punto de partida que la Biblia es la Palabra de Dios. Sin embargo, muchas veces dudamos de sus enseñanzas. Otras veces, simplemente no la conocemos o no la entendemos. Es más fácil conformarnos con lo que otros dicen que debemos creer, pero no estudiamos la Biblia personalmente. La aceptamos con fe externa, pero con muchas dudas internas que no nos atrevemos a expresar con sinceridad.

Las dudas sobre si la Biblia es la Palabra de Dios no son tanto el problema en el campo latino como en el lado norte del continente. Más bien, en nuestro contexto de iglesia latinoamericana, hay otro tipo de cuestionamientos. Preguntas como: «¿Dios habla únicamente a través de la Biblia?», «¿Puede la voz de un profeta hablarme con la misma

---

[1] Musée Protestant, “The Beginning of the Bible Societies”. https://museeprotestant.org/en/notice/the-beginning-of-the-bible-societies/. Último acceso: 3 de abril de 2024.

autoridad de la Biblia?», «¿Tienen mis palabras el poder de traer cosas sobre mi vida?». Estas preguntas se responden con «afirmaciones» que la mayoría de los cristianos en Latinoamérica creen de corazón, aunque estén sinceramente equivocados. Sin embargo, a través de toda la historia cristiana y en mi propia vida, estas afirmaciones han demostrado no ser las verdades que sostienen firme tu caminar cristiano, especialmente a través del sufrimiento, las pruebas, las incertidumbres de la vida y las malas noticias. Por otro lado, estas afirmaciones dicen algo de la naturaleza de Dios y de Su Palabra que no se corresponden con la verdad. Y es la verdad la que nos hace libres.

Estas afirmaciones también han hecho un daño extremo y dejan a los creyentes no como personas de fe sino como supersticiosos. Prevalecen supersticiones que son enseñadas como creencias cristianas, que esclavizan a los que las creen. En última instancia, el poder de Dios y Su Palabra escrita están por encima de cualquier palabra humana, sin importar quién la diga. Estas prácticas se popularizaron ampliamente, a veces desde los púlpitos, con uno que otro versículo fuera de contexto para apoyarlas; sin embargo, que algo sea popular no lo hace verdad. Ninguna palabra tiene prevalencia o autoridad igual o por encima de la Biblia, la Palabra de Dios.

Por otro lado, las palabras de Cristo afirman y confirman lo enseñado en el Antiguo Testamento, a pesar de que los líderes religiosos de Su tiempo habían distorsionado la enseñanza y la aplicación de las palabras dichas por Dios. Él vino para aclararlas y cumplirlas.

Sé que estas afirmaciones pueden parecerte cargadas. Sin embargo, mi propósito con este libro es aligerar tu carga y confusión. Lamentablemente, la enseñanza y la aplicación de muchos que hablan de la Biblia han arrojado confusión como un manto que opaca la claridad de la Palabra y su relevancia para todo creyente en todo tiempo, y no solo para personas ilustres, especiales o con alto nivel de «revelación». La revelación ha sido dada para todo creyente, porque el propósito de revelar es dar a conocer, y no oscurecer el significado.

LA BIBLIA ES SOBRENATURAL, PERO NO LA TRATES COMO UN AMULETO

La realidad es que la Biblia es un libro sobrenatural. He observado comúnmente dos tendencias en los lectores bíblicos: por un lado, querer entenderla por su cuenta. Sin embargo, no es posible leer la Biblia de manera natural y entenderla sin tener al Espíritu Santo. Se puede tratar como un libro académico pero su interpretación será limitada, porque solo el Espíritu Santo, Su Autor, abre e ilumina el entendimiento.

Por otro lado, no se puede leer la Biblia místicamente. ¿Qué significa místicamente? Es la lectura donde cualquier cosa puede tener el significado personal que alguien le asigne, una revelación que otros no tienen. Es el tipo de lectura que pone la interpretación personal del que lee por encima o con un significado distinto de la intención del autor. En nuestro caso, el *Autor*. Esto va en contra de la misma naturaleza y propósito de la Biblia: dar a conocer a Dios, no de manera exclusiva sino a través de los siglos revelándose a la humanidad, a todo tipo de personas, en todo tipo de situaciones y en diversos lugares. Un Dios que no hace acepción de personas, sino que «quiere que todos los hombres sean salvos y *vengan al pleno conocimiento de la verdad*» (1 Tim. 2:4, énfasis añadido).

Cuando hablamos de la Biblia y de cómo comprenderla no debemos pensar en innovación. Buscar innovación ha sido tomado como sinónimo de revelación. Parte de lo que quiero mostrarte en este libro es que, para tener un conocimiento renovado de Dios, no perseguimos innovar sino entender lo que Él ya ha revelado. La Biblia es entendible y clara para todo creyente que se dedique a leerla, estudiarla y meditar en ella, sometiéndose en obediencia y bajo la transformación de su corazón. La Biblia es vida para el creyente. Nos infunde vida a nosotros y el Espíritu de Dios atraviesa con las palabras de la Biblia los corazones, «porque la palabra de Dios es viva y eficaz, y más cortante que cualquier espada de dos filos. Penetra hasta la división del alma y del espíritu, de las coyunturas y los tuétanos, y es poderosa para discernir los pensamientos y las intenciones del corazón» (Heb. 4:12).

EL MIEDO DE IR A LO PROFUNDO

No sé si a ti te pasa igual que a mí y te gusta o te apasiona el océano. A mí me calma… el sonido de las olas, la brisa y la arena caliente. Nací en una isla, aunque a veces vivimos como continentales. La mayoría de los dominicanos no vivimos ni pasamos suficiente tiempo cerca del mar, a pesar de tenerlo a veces a cinco minutos de distancia. Obviamente, no todo el mar es un lugar donde uno pueda zambullirse. Ya sabrás que el océano, aunque hermoso, puede ser también destructivo. Si confundes el arrecife con el área común para nadar, puedes ahogarte.

Aprendí a nadar ahogándome. Una niñita (que para mí era grande en esa época) me convenció de ir a lo profundo de la piscina. A pesar de que le advertí que no sabía nadar, ella me subió sobre su espalda y me llevó hasta donde alcanzó. En un instante, sentí la masa de agua encima de mí, y que mis esfuerzos por emerger a la superficie estaban siendo impedidos por una fuerza mayor que yo. La otra niña se impulsaba en mi pequeña estatura de un metro cincuenta para salir a la superficie, y mis pies no tocaban el fondo. De repente, no sé de dónde saqué fuerzas, pero alcancé la orilla. Cuando le dije al salvavidas que casi nos ahogamos, su respuesta fue: «¡Yo supuse que estaban jugando!». Lo que él tomó como un juego para nosotras pudo haber terminado mal.

Aprendí a leer la Biblia ahogándome. Muchos de los libros, las genealogías y las historias, los lugares, las personas y las deidades mencionados me resultaron confusos durante gran parte de mi vida. Ayuné por días por una revelación para entender Apocalipsis, ya que, desde mi niñez, había tenido un gran énfasis en que leyéramos la Biblia para entenderla. Me tomé muy en serio nuestro llamado como creyentes a conocer a Dios. Aun desde una edad temprana, fue algo serio para mí.

Mi entendimiento fue creciendo a través de los años. A los trece años, le rogué a mi pastor que me permitiera ser parte del grupo de estudios del FLET[2], a distancia. Trataba de encontrar recursos sobre la Biblia, pero muchos eran para personas mayores. Un cambio radical ocurrió en mi perspectiva teológica cuando tuve que cambiar de iglesia. Dios

---

[2] FLET: Facultad Latinoamericana de Estudios Teológicos.

me llevó a una comunidad que amaba las doctrinas de la gracia y mi entendimiento teológico fue ampliado. Aun así, continuó mi búsqueda de entender mejor la Biblia. Mientras más aprendía, más me daba cuenta de todo lo que me faltaba por entender. Por muchos años estuve leyendo la Biblia y buscando entenderla mejor.

Recién en mi primer año de entrenamiento misionero, estuve en una comunidad que estudió la Biblia con las herramientas, la actitud y las perspectivas que compartiré a lo largo de este libro, donde mi profunda pasión adquirió las herramientas para disfrutar y no ahogarme en las aguas profundas de la Palabra, por mí misma. A la vez, aprendí cómo podía explicarles estos principios a otros y capacitar a otros discípulos de Cristo de cosmovisiones orientales para que entendieran las Escrituras, y sobre todo al Dios de las Escrituras.

Anhelo ver muchas iglesias, comunidades y grupos de estudio, e incluso sueño con ver institutos bíblicos para los que están privados de su libertad, en donde puedan profundizar en la Palabra y ver al «León rugir en sus vidas». La Palabra viva que transforma sigue salvando y transformando vidas, a través de la renovación del entendimiento.

Permíteme guiarte por aguas por las que muchos han nadado antes que yo, y a través de los pensamientos que encuentres allí, podrás disfrutar de la hermosura del conocimiento de la Palabra de Dios, la misma que te invita a lo profundo y que muestra la voluntad de Dios para TODAS. Que crezcamos a medida que estudiamos TODA la Escritura. ¿Estás lista?

1
Dios, el protagonista de la Biblia: el Rey del reino

Palabras clave: analfabetismo bíblico, pobreza bíblica, protagonista

Pues la palabra de Dios es viva y poderosa. Es más cortante que cualquier espada de dos filos; penetra entre el alma y el espíritu, entre la articulación y la médula del hueso. Deja al descubierto nuestros pensamientos y deseos más íntimos (Hebreos 4:12, NTV).

Hace años, la revista Biola publicó un artículo[1] sobre el analfabetismo bíblico. En este contó la historia de Stacey Irving, una joven británica de diecisiete años que parecía saludable pero un día colapsó. En el hospital, le hicieron un examen físico y descubrieron que tenía condiciones de salud características de personas ancianas, como arterias endurecidas, colesterol y desnutrición. Al entrevistar a sus padres, se dieron cuenta del problema: esta chica había comido *nuggets* de pollo desde los dos años y, un día, a los diecisiete años, casi muere. El profesor Berding, autor del artículo, llama la atención a la necesidad de un avivamiento bíblico. El discipulado implica la enseñanza de todo lo que Cristo ha mandado. Sus ordenanzas contenidas en toda la Escritura, desde Génesis hasta Apocalipsis, son la base para hacer discípulos (Mat. 28:18-20). No puedes imitar a alguien que no conoces. No puedes ser como Cristo ni amar lo que Él ama, si

[1] Berding, Kenneth, "The Crisis of Biblical Illiteracy". *Biola Magazine,* 29 de mayo de 2014. https://www.biola.edu/blogs/biola-magazine/2014/the-crisis-of-biblical-illiteracy

no lo conoces, si nadie te ha enseñado sobre Él. La Biblia lo dice así: «¡Ustedes, los que aman al Señor, odien el mal! Él protege la vida de sus justos y los rescata del poder de los perversos» (Sal. 97:10, NTV).

Hoy en día, los discipulados parecen cada vez más sesiones terapéuticas, mirando más las circunstancias que arriba y adentro. Cuando medimos el discipulado en términos de jerarquía eclesiástica, países visitados, números de convertidos o seguidores en las redes, perdemos de vista que la mayor medida de frutos en el creyente es cuánto se parece a Cristo, porque el fruto del Espíritu es el fruto de Cristo (Gál. 5:22-23).

Los que permanecen en Cristo, en Su Palabra y obedecen Sus mandamientos son verdaderamente Sus discípulos. En verdad son Sus discípulos quienes le obedecen y lo aman a Él sobre todo y se aman los unos a los otros (Juan 14:21-24), incluso a sus enemigos (Mat. 5:43-48, Luc. 6:27-36). La comida rápida, procesada y con nutrientes reducidos, aunque aparentemente deliciosa y atractiva, hace que cualquiera se quite el hambre al comerla y, aunque la publicidad parezca irresistible, este tipo de alimentación no sustenta, no fortalece y mucho menos es apta para ser la alimentación primaria de niños y adolescentes que están en crecimiento, o adultos que tienen riesgos de salud. Lo mismo se aplica a la vida espiritual.

Cuando recién conocemos a Cristo, somos infantes espirituales, y por tanto, necesitamos leche espiritual. Esto significa que necesitamos lo básico del cristianismo, como cuando un bebé es alimentado de leche materna y fórmula. Dependiendo del alimento que recibas en esos primeros años, será más fácil discernir qué es bíblico y qué no lo es. A medida que creces en tu vida cristiana, deberías aprender las verdades más sencillas antes de pasar a las más profundas. Sin embargo, más allá de que sea leche o comida sólida la que consumimos como cristianos, esta debe tener una característica: no debe ser adulterada o, como me gusta decir, procesada (1 Ped. 2:2).

LOS BÁSICOS DE LA FE: LA LECHE ESPIRITUAL

Necesitamos conocer de manera general cómo es Dios, Sus atributos y obras, para luego profundizar en ellos. Precisamos conocer a Dios como Creador y Señor de todo, el Eterno, que todo lo sabe, todo lo puede y que está presente en todo lugar a la vez. A medida que vamos avanzando, profundizamos en estos atributos y hablamos de Su soberanía, aseidad y providencia, entre otros. De igual forma, debemos partir de la leche espiritual y ver la metanarrativa bíblica; es decir, entender la Biblia como una sola historia.

En la Biblia, Dios es el protagonista y, a la luz de esto, vemos cómo las historias individuales aportan a la gran historia y plan redentor, del Rey que redime, restaura y gobierna en Su reino, a Sus criaturas y para Su gloria a través de Cristo. En esto radica uno de los problemas de nuestros días, porque muchos hemos sido alimentados de comida procesada, pero no se nos ha enseñado la Biblia con detenimiento ni con la profundidad ni las herramientas adecuadas en su contexto, aplicadas para cada fase de nuestra vida cristiana, de manera que podamos ir creciendo en el conocimiento de Dios a través de Su Palabra.

LA BIBLIA: ALIMENTO PARA TODO CREYENTE

Muchos hemos iniciado y crecido en la vida cristiana alimentándonos de recursos cristianos (sin saber diferenciar cuáles son de calidad y cuáles no son tan espiritualmente nutritivos, o incluso cuáles suenan a Biblia pero no son Biblia, porque la contradicen o representan mal a Dios). Nuestro principal alimento como creyentes, la Palabra de Dios, se nos hace a veces difícil de entender, y nos sentimos frustrados porque no nos han enseñado cómo entenderla por nosotros mismos. Este libro le fue dado al pueblo de Dios, gente común y corriente, y es la forma en la que Dios decidió que quedara plasmada Su revelación, mostrándonos cómo es Él y cuál es Su voluntad. Al acercarnos a la Biblia, nuestro objetivo principal es *conocer a una persona: Dios.*

Leer la Biblia, estudiarla y meditar en ella no busca solamente cumplir con un requisito que todo el mundo dice que necesitas en tu vida cristiana. Tal vez tienes muchos años como creyente y la Biblia todavía es un misterio para ti en la mayoría de sus partes, y temes que es más lo que desconoces de ella de lo que estás dispuesto a reconocer. No te juzgo. Si tomas este libro en tus manos es porque, en tu corazón, quieres conocer.

MI EXPERIENCIA Y TESTIMONIO PERSONAL

Por muchos años de mi vida, supe lo importante que es la Biblia, y es muy importante. Por muchos años, memoricé versículos, desde mi infancia prediqué en los cultos de niños y discipulé a cientos de adolescentes y jóvenes. Aun así, hice cursos de teología, ayunos de cuarenta días y leí múltiples recursos, pero la Biblia continuaba siendo un rompecabezas, imposible de comprender en su totalidad. Si te sientes así, tienes en común mucho más de lo que piensas con todos los humanos que han existido y que existirán después de ti. La revelación general de Dios se refiere al entendimiento básico que la humanidad tiene de la existencia de Dios.

En mi juventud, vi cómo la aplicación de mi estudio y conocimiento bíblico estaban desordenados y tenía «lagunas de aprendizaje». Acumulé mucho entendimiento del Génesis, las historias bíblicas y pasajes populares. Sabía que al conocer los Evangelios podía ver muy bien los dichos de Jesús, Su vida y ministerio. Pensaba que la literatura profética era para los más letrados o con mayor nivel espiritual. Creía que Eclesiastés y Proverbios eran libros para marcar mi vida adolescente y joven, y aún intentaba seguir los consejos como mandatos, y los dichos como promesas. Ahora veo que Dios, en Su soberanía, usó eso, pero era un entendimiento muy parcial, y en otros casos, había un uso y aplicación bienintencionados pero erróneos. En capítulos más adelante, explicaré en mayor detalle el porqué.

En mi mente, pensaba que el libro de Apocalipsis era para los que tuvieran una revelación especial que les permitiera interpretarlo de una forma nunca antes vista, siempre innovando o informada por las películas de la serie *Dejados atrás*. Creía que era para asustar con el evangelio y una profesión de fe obligada por el miedo en los cultos evangelísticos, para la gente que no quisiera «perderse el rapto» y atravesar «la gran tribulación». Aunque quizás bienintencionada, esta práctica es errónea.

En el banco opuesto (lo que para mí era el lado opuesto en cuanto a denominaciones cristianas), estaban los cristianos provenientes de iglesias que sabían mucha teología, pero tenían corazones fríos, denotaban poca devoción por Dios, poca compasión y amor por el prójimo; por ejemplo, a la hora de dar a conocer su fe. Esos cristianos que abrazan tanto la «soberanía de Dios» que no predican el evangelio a los perdidos ni practican la misericordia, al punto que conforman iglesias de un estrato socioeconómico casi exclusivo. Tampoco era fácil encontrar esas iglesias elevadas de sana doctrina en lugares de mayor necesidad económica, y la impresión de muchos era que no les interesaba plantarlas en los barrios de mi ciudad porque estas iglesias eran de una clase social elevada, con mucho conocimiento y con un aire de «somos más intelectuales que esos cristianos ignorantes y carismáticos o pentecostales». Veía a algunos cristianos que no predicaban mucho ni evangelizaban a refugiados con la excusa de la soberanía de Dios en la salvación, o donde las mujeres no tenían espacio en la vida de la iglesia para orar en público y, en casos más extremos, no se les permitía aprender la Biblia junto a los hombres. Muchos misioneros pueden testificar sobre una pregunta común que hemos recibido en muchos lugares: «¿Para qué necesitan las mujeres aprender más de la Biblia?».

Pero, como niña, yo pertenecía al grupo que negaba su falta de conocimiento. Yo era una niña con mente curiosa e incisiva, que anhelaba conocer a Dios y entender el libro que se conoce como Su Palabra, donde se revelan Sus hechos, Su historia, Su persona, Sus mandamientos. Pero con mis constantes preguntas, recibí de algunas personas a mi alrededor respuestas como: «Eres muy pequeña para entender» o «Solo debes aceptarlo por fe». Esas respuestas daban la impresión de que la razón y la fe estaban divorciadas. La Biblia responde a esas preguntas existenciales básicas de cualquier persona, pero por falta de entendimiento o estudio, se perpetuaron entre muchos líderes que no querían reconocer lo limitado de su estudio de la Biblia o de la instrucción que habían recibido, y resultaba más fácil acusar erróneamente al que cuestionaba diciendo que tenía «falta de fe». Esconder esas faltas era una tradición que pasaba de generación en generación tras la excusa de que «el conocimiento envanece», pero ¿cuál tipo de conocimiento? Porque está claro que el constante mandato bíblico es conocer a Dios. Estas respuestas tal vez me hacían sentir más espiritual, aunque, sinceramente, me dejaban confundida. No tenía sentido que el Dios que todo lo sabe no tuviera respuestas para preguntas básicas que me ayudarían a afianzar mi fe, no solamente a «tenerla dentro», porque esa fe estaba ahí, por la obra del Espíritu Santo, el autor de la Biblia. Yo tenía preguntas como: ¿por qué existe el mal?, ¿cuál es el propósito de la existencia humana?, ¿cómo obtuvimos la Biblia y cómo sabemos que es la Palabra de Dios? Eran preguntas bastante comunes.

Supuestamente, se consideraba, como en muchas culturas hoy, que hacer preguntas era un síntoma de «rebeldía». Como si querer entender tuviera que ver con rebeldía y no con obediencia a Dios. Creo que el tono y el contexto de mis preguntas deja en evidencia la motivación detrás de las preguntas. Al mismo tiempo, se estima que la Biblia contiene más de 3000 preguntas. Alrededor de 500 son hechas por Dios o Jesús siempre con el propósito de hacer reflexionar y pensar más profundamente a Sus seguidores. En ocasiones, encontramos las respuestas en la misma Biblia, como en el caso de Job, donde se resalta la suficiencia de Dios y vemos una amplia respuesta al respecto.

¿DIFÍCIL DE ENTENDER? MAESTROS FIELES O INFIELES

El hambre de entender lo que ya ha sido revelado por Dios no es señal de rebeldía, sobre todo si lo que se busca es amar más a Dios y obedecerle. Tal vez una respuesta más sincera y humilde podría haber sido: «Nadie me ha enseñado estas cosas; estudiemos juntas» o «Busquemos en la Palabra juntas». Hoy en día, a diferencia de mi época, tenemos recursos que están a la cómoda distancia de un teclado o un buscador.

Pero, espera… antes de continuar con mi historia, quiero resaltar algo. Así como puedes hacerte pruebas de sangre y necesitas que alguien te ayude a entender los resultados que te entregan, también es necesario que alguien nos guíe para entender lo que leemos en la Palabra. Así lo entendieron los discípulos de Jesús y así nos lo encargó Él (Mat. 28:18-20). Ten cuidado con los recursos que informan tu fe, ya sean prédicas, libros o mensajes acerca de la Biblia; cualquiera puede afirmar hablar en nombre de Cristo, aun con señales, milagros y profecías (Mat. 7:22-23). Algunos hablan con gritería como si esto les diera más autoridad en la Palabra, aunque la gritería es algo que la Biblia advierte que debemos evitar (Ef. 4:31).

Al buscar maestros que te enseñen Biblia, asegúrate de que tengan la Biblia en alta estima. Que hayan dedicado tiempo a estudiarla. Que aun las instituciones donde hayan sido entrenados sean instituciones que creen verdaderamente en la Biblia y que no solo hablan de ella o la usan para apoyar algunas de sus ideas con porciones sacadas de contexto. Pero como Dios es el protagonista de la Biblia, lo que se te enseña sobre ella es lo que se dice acerca de Dios. Por eso es muy serio lo que se entiende al leerla, o incluso cómo la leemos. Si leemos la Biblia al azar, como si fuera un amuleto, rebajamos a Dios a un Dios del azar y no un Dios intencional en lo que dice y providencial en Su orquestación. Si leemos la Biblia como un texto académico o solo un libro de apologética, podemos representar a Dios como inseguro y con la necesidad constante de ser defendido. La Biblia bien expuesta se defiende, es poderosa, es verdad y tiene poder porque su Autor y Protagonista, el Espíritu Santo, lleva cada palabra que inspiró a su cumplimiento. Lo que no se cumple es simplemente porque no fue Dios quien lo dijo o prometió.

Muchos de los líderes o pastores de nuestra generación, sobre todo de los que vinimos a Cristo entre 1970 y 2000, nos guiaron con lo poco que ellos sabían. La mayoría no recibió cursos de hermenéutica o teología básica. No conocían el contexto histórico de muchos de los hechos bíblicos ni tenían recursos de consulta a mano. Nos llegó el evangelio caracterizado por un énfasis en la experiencia, en la emocionalidad, en el moralismo, con mucho fuego y pasión, pero con poca base, profundidad bíblica y teológica. La Biblia debería interpretar la experiencia, diciéndonos si viene de Dios o no, en lugar de que mi interpretación de la experiencia explique la Biblia, lo cual es peligroso y además no respeta la intención de Dios. Esta manera de acercarme a la Biblia le impone a Dios, a Su Palabra, lo que yo creo, en lugar de formar mis creencias. Aunque sea de manera inconsciente, esto es irreverente porque es colocarme por encima de Dios y lo que Él ha dicho, y con esto volvemos al mismo pecado del Edén, a editar las palabras de Dios a nuestra conveniencia.

Nosotros siempre tenemos la oportunidad de aprender de la historia. Creo que la generación presente puede aprender algo de la anterior. Necesitamos profundidad bíblica, pero quienes la buscamos con ansias también necesitamos esa devoción y compromiso con el evangelio que caracterizó a los individuos y a la generación anterior.

¿OTRAS FORMAS DE CONOCER A DIOS?

Cualquiera puede preguntarse: ¿por qué necesitamos leer y entender la Biblia? ¿No hay otras formas de conocer a Dios? ¿Es este libro antiguo relevante hoy? ¿O tal vez es importante pero secundario o complementario a otras formas de conocer a Dios? Y por la raíz de esas preguntas quiero ayudarte a entender tu Biblia. Te invito a que caminemos juntas, examinando, interactuando y aplicando herramientas para profundizar en tu *entendimiento* de la Biblia.

Cada creyente necesita comprender por *sí mismo*, manejando correctamente la Palabra de Dios. Esta es la única manera de obtener lo que necesitas, la transformación que va desde lo profundo de tu mente y corazón, y que desborda hacia otros ámbitos de tu vida, las relaciones con familia, tu vida en tu país y tu impacto en el mundo. *El manejo correcto de las Escrituras no solo nos hace capaces para el ministerio sino que nos da el estándar de la imagen de Cristo a la cual, en madurez cristiana, somos llamadas a ser formadas.*

Hay formas correctas de manejar las Escrituras y hay formas incorrectas. Estas permean las formas en que vivimos las Escrituras en nuestras relaciones, decisiones, ministerios y entendimiento de Dios.

Uno de los puntos principales de la Reforma fue un énfasis en regresar a las bases y al manejo de las Escrituras. No solo que las personas tuvieran acceso en su idioma, cosa que no habían tenido en los últimos 1500 años de historia cristiana, sino que hubiera una comprensión de su entendimiento. Se trataba de una enseñanza fiel de las Escrituras, no de meras creencias basadas en tradiciones o prácticas sin ver dónde y cómo estaban fundamentadas en la Biblia, sino que los creyentes tuvieran la capacidad de entender la Biblia por sí mismos. Hoy en día, la iglesia se encuentra en la misma disyuntiva.

¿PARA QUÉ LEER LA BIBLIA?

Para creer bien. La Biblia es la base, la premisa para *todo* lo que la vida cristiana requiere, y cualquier otra cosa deriva en una mala representación del carácter de Dios. Ser cristiano comienza con creer. Y no es tan solo creer en la existencia de Dios, sino que todo lo que Dios ha dicho es un llamado a la obediencia de los que creen, que los lleva a someterse a Él y al conocimiento de Cristo. ¿Por qué esto es vital? En Santiago 2:18-20 dice: «Pero alguno dirá: "Tú tienes fe, y yo tengo obras. Muéstrame tu fe sin las obras, y yo te mostraré mi fe por mis obras". Tú crees que Dios es uno. Haces bien; también los demonios creen, y tiemblan. Pero ¿estás dispuesto a admitir, oh hombre vano, que la fe sin obras es estéril?».

Para conocer su contenido. Leemos para comprender; leemos para entender. Si no sabemos de qué tratan las enseñanzas, las historias, los discursos, los argumentos y los dichos de Dios en Su Palabra, no podremos entender. No podremos conocer los libros, las situaciones y la historia alrededor de los hechos bíblicos, historias reales y no simples fábulas épicas.

Para conocer a una persona. No es el conocimiento adquirido de las cosas de Dios, sino de Dios mismo, lo que transforma nuestra relación con Él. Quiero contarte la triste historia de un misionero descarriado (por propósitos de la historia, he cambiado el nombre).

John era un joven brillante con una profunda pasión y manejo del chino. Recuerdo que lo conocí poco antes de dejar Taiwán. Era encantador, popular y joven, con una mente curiosa. Mostraba pasión por la Biblia y leía todo tipo de recursos teológicos. Un día, conversando con él, me afirmó algo que tristemente he escuchado en demasiadas ocasiones, sobre todo de personas que, al igual que John, quieren justificarse y que la Biblia se adapte a sus luchas y opiniones personales. Al final, John terminó negando la infalibilidad, la autoridad, la historicidad y la inerrancia de la Biblia. Y al final, deconstruyó una palabra moderna que solo implica el abandono de la fe.

Los cristianos en una época fueron conocidos como «el pueblo del Libro» o «la gente de *un* libro»; es triste que ya no. Los creyentes del presente somos más conocidos por discursos motivacionales que se apoyan en uno que otro versículo bíblico y que excluyen términos bíblicos como *pecado*, y lo cambian por la palabra *error* porque suena menos fuerte. Se nos conoce por aquello de lo que estamos en contra, como si fuéramos personas de odio, y no por las tantas afirmaciones de verdad; una verdad no siempre popular, pero que constituye la Palabra de Dios.

Para obedecer por amor. Leemos la Biblia porque no podemos obedecer a Dios si no conocemos qué le agrada y qué le desagrada. Si no conocemos qué prohíbe o qué promueve Dios en Su Palabra, no seremos conscientes de lo bueno y lo malo. Cuando Dios se da a conocer a través de la Biblia, busca mucho más que una simple obediencia moralista. Al verlo como protagonista de la Biblia, Dios quiere que aquellos que creen en Él no solo lo amen, sino que también le obedezcan. Es posible conocer a Dios como poderoso y tener miedo de las consecuencias que pueda imponer, pero Dios quiere más. Desea que esa obediencia sea por amor al Dios poderoso, no por miedo al poder de ese Dios. Una obediencia motivada por amor, respeto y deseo de honrar a Dios, eso es lo que Él busca, adoradores «en espíritu y en verdad» (Juan 4:23-24).

¿CÓMO OBTUVIMOS LA BIBLIA? COMPOSICIÓN Y NATURALEZA DE LAS ESCRITURAS CRISTIANAS

¿CÓMO ESTÁ COMPUESTA LA BIBLIA?

La Biblia es una compilación de 66 libros de distintos géneros literarios, escritos por más de 40 autores en un período de aproximadamente 1500 años, pero que cubre más de 3500 años de historia. La Biblia se divide en Antiguo Testamento y Nuevo Testamento. Su interpretación debe hacerse respetando el género y los tipos de literatura de cada libro estudiado. Los principios de interpretación —es decir, entender el significado bíblico— son vitales para entender la verdad de Dios revelada en las Escrituras.

Distribuidos por su género o forma literaria principal, presentamos a continuación los libros de la Biblia hebrea que conocemos como el Antiguo Testamento:

EJERCICIO: Sigue los siguientes pasos para visualizar cómo está compuesta tu Biblia.

- Toma tu Biblia
- Ve al índice
- Marca con colores los libros por su género

LA LEY O EL PENTATEUCO (son cinco libros que antes se registraban en rollos).	Estos son: Génesis, Éxodo, Levítico, Números, Deuteronomio.
La sección de NARRATIVA HISTÓRICA.	Esta sección está compuesta por los libros de Josué, Jueces, Rut, 1 Samuel, 2 Samuel, 1 Reyes, 2 Reyes, 1 Crónicas, 2 Crónicas, Esdras, Nehemías, Ester.
La literatura de SABIDURÍA o LIBROS POÉTICOS.	Sección compuesta por Job, Salmos, Proverbios, Eclesiastés, Cantares.
Los libros PROFÉTICOS, que están divididos en:	PROFETAS MAYORES: Isaías, Jeremías-Lamentaciones, Ezequiel, Daniel. PROFETAS MENORES: Oseas, Joel, Amós, Abdías, Jonás, Miqueas, Nahúm, Habacuc, Sofonías, Hageo, Zacarías, Malaquías.

Ahora, hagamos lo mismo con la segunda división de la Biblia, los libros del Nuevo Testamento:

Los **Evangelios** son cuatro perspectivas de la vida y la obra de Jesús. Son: Mateo, Marcos, Lucas y Juan.

Hechos se considera un quinto Evangelio que narra los hechos de los apóstoles a través de la comisión de Jesús y el poder del Espíritu Santo en los discípulos, a quienes llama **Sus testigos** a partir de Su ascensión.

Las **Cartas o Epístolas Paulinas** fueron escritas por el apóstol Pablo a iglesias en ciudades del Imperio romano o lo que en ese tiempo era «el mundo conocido», hasta donde el cristianismo se había expandido según lo que ellos conocían. Estas son: Romanos, 1 y 2 Corintios, Gálatas, Efesios, Filipenses, Colosenses, 1 y 2 Tesalonicenses, 1 y 2 Timoteo, Tito y Filemón.

Las **Cartas o Epístolas Generales** fueron escritas a creyentes en distintos lugares y son: la carta a los Hebreos, Santiago, 1 y 2 Pedro, 1, 2 y 3 Juan, y la carta de Judas.

La **literatura o carta escatológica**, que también es una carta y contiene la revelación dada al apóstol Juan, es el libro de Apocalipsis.

Quiero proveerte una caja de herramientas completa, sea para tu estudio personal o con tu iglesia, para una persona, un grupo pequeño o toda tu congregación. Que tengas lo que necesitas para empezar sin miedo a manejar la Palabra de Dios correctamente.

JESÚS USA, VALIDA, ENFATIZA Y CUMPLE LA BIBLIA HEBREA (EL ANTIGUO TESTAMENTO)

Algunos estudiosos estiman que por lo menos un décimo de las palabras de Jesús registradas en los Evangelios son referencias del Antiguo Testamento[2]. En Lucas 24:21-44, vemos una historia de Jesús con unos discípulos. Él había sido crucificado y ellos todavía no estaban seguros de Su resurrección. Estas son las instrucciones finales de Cristo para Sus discípulos y confirma que toda la Escritura es necesaria, incluido el Antiguo Testamento, que es el testimonio previo a la encarnación de Cristo. Las personas del Antiguo Testamento fueron salvas a través de Cristo, por la fe puesta en la salvación que habría de venir. ¡Bum! Lucas 24:19-44 dice:

> Y ellos le dijeron: «Las [cosas] referentes a Jesús el Nazareno, que fue un profeta poderoso en obra y en palabra delante de Dios y de todo el pueblo [es decir, testigos oculares]; y cómo los principales sacerdotes y nuestros gobernantes lo entregaron a sentencia de muerte y lo

---

[2] Willmington, Harold, *Old Testament Passages Quoted by Jesus*. Liberty University, 2017. https://digitalcommons.liberty.edu/cgi/viewcontent.cgi?article=1060&context=second_person

crucificaron. Pero nosotros esperábamos que Él era el que iba a redimir a Israel. Además de todo esto, este es el tercer día desde que estas cosas acontecieron. Y también algunas mujeres de entre nosotros nos asombraron; pues cuando fueron de madrugada al sepulcro, y al no hallar Su cuerpo, vinieron diciendo que también habían visto una aparición de ángeles que decían que Él vivía. Algunos de los que estaban con nosotros fueron al sepulcro, y lo hallaron tal como también las mujeres habían dicho; pero a Él no lo vieron».

Entonces Jesús les dijo: «¡Oh insensatos y tardos de corazón para creer todo lo que los profetas han dicho!¿No era necesario que el Cristo padeciera todas estas cosas y entrara en Su gloria?».

Comenzando *por Moisés* y continuando *con todos los profetas*, les explicó lo referente *a Él* en *todas las Escrituras*. Se acercaron a la aldea adonde iban, y Él hizo como que iba más lejos. Y ellos le insistieron, diciendo: «Quédate con nosotros, porque está atardeciendo, y el día ya ha declinado». Y entró a quedarse con ellos. Al sentarse a la mesa con ellos, *Jesús tomó pan, y lo bendijo; y partiéndolo, les dio.* Entonces les *fueron abiertos los ojos y lo reconocieron*; pero Él desapareció de la presencia de ellos. Y se dijeron el uno al otro: «¿No ardía nuestro corazón dentro de nosotros mientras nos hablaba en el camino, cuando *nos abría las Escrituras?*». [Este término «abría» es *dianoígo*[3], que significa: «abrir completamente a través del proceso que sea necesario para lograrlo, explicando, *abriendo las mentes para entender*»].

Jesús no andaba con un rollo, consultando la Biblia. Él conocía las Escrituras de memoria y en este sentido no estaba solo recitándoles pasajes; los estaba explicando para personas que anteriormente habían caminado con Él, dormido con Él, escuchado Sus enseñanzas, habían visto Sus milagros, Su aprisionamiento, Su sufrimiento, Su muerte y Su resurrección, habían comido con Él, ¡y todavía no entendían! ¡No lo conocían! Si eso les pudo pasar a ellos, ¿no nos puede acaso pasar a nosotras? Es necesario que entendamos que también nos puede pasar.

En este encuentro, Jesús, utilizó la forma común de referirse al orden de las Escrituras en los textos originales hebreos (la cual comprendía

---

[3] *Nueva Concordancia Strong* (Nashville, TN—Miami, FL: Editorial Caribe, 2022) G1272.

solo el Antiguo Testamento en ese tiempo), y las dividió en tres secciones que son utilizadas hasta el día de hoy:

- La Ley (*Torá*)
- Los profetas (*Nevi'im*)
- Los Salmos o los Escritos (*Ketuvim*)

La Biblia hebrea, o lo que conocemos como el Antiguo Testamento, es conocida como «*Tanak*», que es un acrónimo de las primeras letras de esas tres secciones. Los judíos entendían muy bien los géneros y las situaciones, el tipo y las figuras de expresión literarias en las cuales se desarrollaron y describieron estas historias. Muchos de los autores bíblicos fueron parte de la audiencia que vivió estas cosas. Otros, como los judíos en el desierto, recibieron la narrativa de Génesis, pero estaba escrita en un lenguaje de su época y con alusiones culturales a los pactos, leyes y costumbres de los territorios circundantes, y escrita por Moisés. El reto para nosotros, debido a la distancia cultural, histórica, lingüística y geográfica, es que requerimos un poco más de esfuerzo para entender a Dios correctamente, tal como Él se quiso revelar a ellos en ese entonces. Algunas de estas herramientas que podemos usar y que reiteraremos a lo largo de este libro son:

- Entender los géneros o tipos de literatura o escritos en la Biblia.
- Hacer preguntas al texto bíblico.
- Entender el contexto.
- Escoger un método o sistema de estudio que desarrolle tus habilidades de comprender lo que estás leyendo.
- Entender el significado intencionado por el Autor divino y los autores humanos.
- Obtener e investigar información de contexto.
- Aplicar la Biblia para la vida y la misión como discípulo de Cristo: en pensamiento, conocimiento, opiniones, sentimientos, actitudes, afectos, voluntad y acción.

El siguiente gráfico te muestra los ámbitos transformados en tu vida por la lectura de la Biblia.

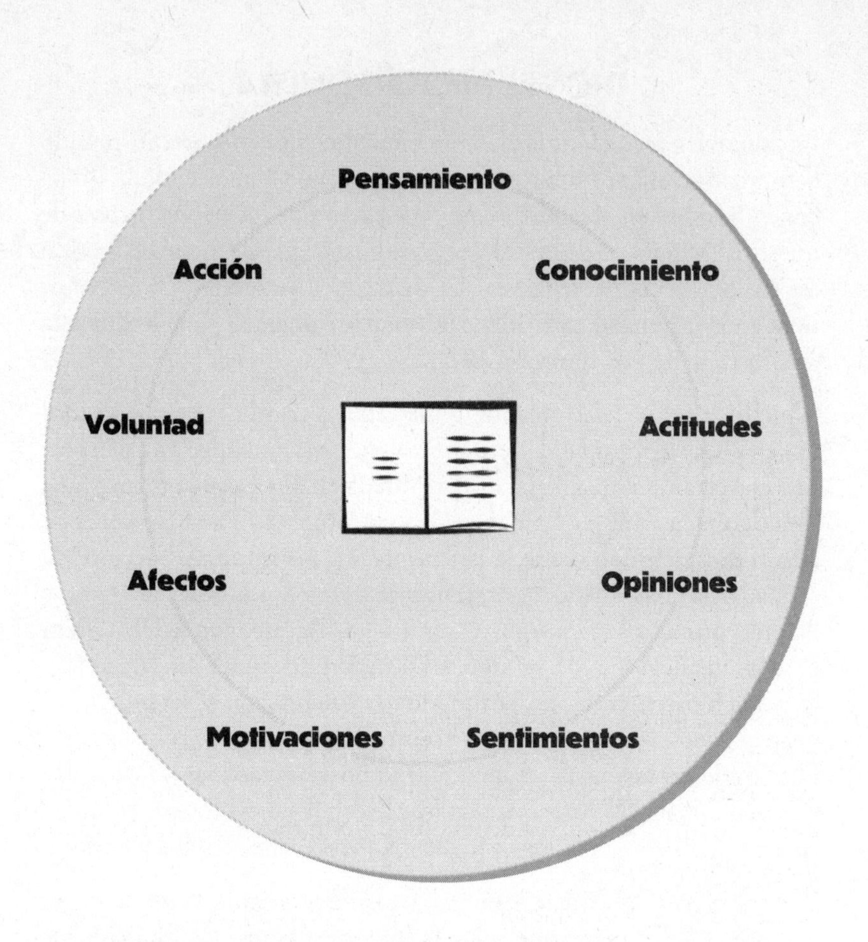

Son herramientas que te ayudarán en tu vida diaria con la Palabra, y que a medida que las uses, formarán una parte natural de tu lectura, meditación y estudio de la Biblia, como lentes que aclaran tu visión.

Todo creyente necesita un entendimiento de principios de interpretación o, en palabras sencillas, de entender lo que significa el texto bíblico, para profundizar en su conocimiento de Dios y transformación en su vida cristiana, a través de toda la Escritura. Como dice en la versión Dios Habla Hoy: «Ya no seremos como niños, que cambian fácilmente de parecer y que son arrastrados por el viento de cualquier nueva enseñanza hasta dejarse engañar por gente astuta que anda por caminos equivocados. Más bien, profesando la verdad en el amor, debemos crecer en todo hacia Cristo, que es la cabeza del cuerpo» (Ef. 4:14-15).

DIOS EL PROTAGONISTA

En nuestra generación, el desconocimiento bíblico se ha disfrazado de un conocimiento bíblico superficial, porque hemos leído la Biblia con el hombre en el centro. Creo que es uno de los peores errores de nuestros tiempos, de nuestra generación, porque no siempre ha sido así en la historia de la iglesia. La duda de si la Biblia o si su Autor tiene toda la autoridad de mandar, obrar y comandar todo lo que está escrito es la misma duda del jardín.

¿Qué dice Dios de sí mismo? ¿Qué está revelando sobre sí mismo? Esa es nuestra prioridad al leer la Biblia juntas: entender una perspectiva correcta de Dios mismo a partir de la cual es posible formar una idea de quién es el ser humano. De esta forma, lo que dice acerca de nosotras es definido desde la perspectiva de Dios, por así decirlo, de arriba hacia abajo. Muchos creyentes se miran a sí mismos al revés, se definen primero a sí mismos y a partir de ahí, definen a Dios. Pero el ser humano no le da sentido a Dios; es Dios quien le da sentido, identidad, pertenencia, propósito, diseño y definición al ser humano y sus realidades. No nos ponemos nosotras en el centro de la historia y a Dios como protagonista secundario o como acompañante del éxito y la victoria humana. Si insistimos en leer la Biblia de esa forma, entonces veremos la Palabra de Dios de manera limitada, disfuncional y errónea.

Un grave error es concluir que el Dios del Antiguo Testamento es distinto al del Nuevo, que se ve la ira versus la gracia. Esta conclusión está lejos de la realidad. Nuestro conocimiento de Dios entonces se muestra distorsionado. Tú y yo tenemos el privilegio de vivir en una generación que ya tiene la revelación de Dios completa y que es suficiente para guiarnos, sostenernos, corregirnos, equiparnos, darnos esperanza y, sobre todo, apuntarnos a Cristo y hacernos más como Él. Él es esa persona que buscamos conocer al entender nuestra Biblia. En la medida que conocemos a alguien más cercana y claramente, en esa misma medida lo amaremos.

El gran teólogo Agustín lo dice de esta manera: «No podemos amar a quien no conocemos»[4]. Esto implica que no podemos amar *bien* a

---

[4] San Agustín, *Confesiones en la Trinidad.* Libro IX, Capítulo 3. Último acceso: 3 de abril de 2024. https://www.augustinus.it/spagnolo/trinita/trinita_09_libro.htm

quien no conocemos *bien*. No podemos amar *profundamente* a quien no conocemos *profundamente*. ¿Entiendes la idea? Quiero proveerte de herramientas y lineamientos básicos para la comprensión de la Biblia y ayudarte a entender el *contexto histórico, teológico y literario* como un *puente* que nos acerca más a la comprensión, la claridad y la profundidad bíblica que necesitamos.

Estas herramientas te servirán para guiar a otros en su comprensión y estudio de la Palabra en donde quiera que Dios te haya puesto, haciendo discípulos de Cristo. ¡Ten ánimo! La Palabra de Dios es una fuente inagotable, que no pasará, porque Dios, que la inspiró y es eterno, la ha dado. Personas sin educación académica, madres, viudas, nobles, reyes, obreros y profesionales a través de toda la historia humana han sido guiados por ella.

No caminas sola. Otros han caminado conmigo antes. Y este ha sido el método de Cristo para el crecimiento de Su pueblo. Caminaremos juntas.

Ejercicio de aplicación

Hagamos un ejercicio de memorización. Escribe este versículo en una hoja varias veces y memorízalo: «Pues la palabra de Dios es viva y poderosa. Es más cortante que cualquier espada de dos filos; penetra entre el alma y el espíritu, entre la articulación y la médula del hueso. Deja al descubierto nuestros pensamientos y deseos más íntimos» (Heb. 4:12, NTV).

Al final del libro, leeremos la secuencia de varios pasajes a través de toda la Biblia. En cada capítulo, quiero animarte a leer los pasajes completos y meditar en ellos. Lee Génesis 1–3, Génesis 12, Éxodo 19, Levítico 20, Números 14, Deuteronomio 10 y responde las siguientes preguntas:

¿Qué vemos sobre Dios y Su carácter en…?

a. Génesis 1–2

____

____

b. Génesis 3:15

____

____

c. Génesis 12:2-3

____

____

d. Éxodo 19:4-6

____

____

e. Levítico 20:7-8

____

____

f. Números 14:34

---

g. Deuteronomio 10:12-13

2
La Biblia: Una sola historia. Un panorama bíblico

Palabras clave: principio, creación, dijo Dios, hombre, mujer, imagen, fructifiquen, bueno, rebelión, muerte, miedo, dolor, simiente

El Señor amonestaba a Israel y a Judá por *medio de todos Sus profetas* y de todo vidente, diciendo: «*Vuélvanse de sus malos caminos y guarden Mis mandamientos,* Mis estatutos conforme a *toda la ley que ordené a sus padres* y que les envié por medio de *Mis siervos los profetas*» (2 Reyes 17:13, énfasis añadido).

UNA HISTORIA, UNA SAGA, MUCHOS LIBROS

Tal vez estás familiarizada con *Las crónicas de Narnia* o *El señor de los anillos.* En la cultura latina, tal vez estamos más familiarizados con distintos episodios de la misma telenovela. Hace décadas, se popularizaron tres telenovelas que recorrieron el mundo. No es mi intención promover las telenovelas, aunque las series de Netflix y otros medios son probablemente la versión del norte del mismo síndrome. Sin embargo, «las Marías» (*María la del barrio, María Mercedes y Marimar*) se convirtieron en una saga con una historia similar, aunque fuesen distintos personajes.

Busca un café o un té y ponte cómoda. Te pido una hora de tu tiempo; es lo que te tomará leer este capítulo. Ojalá puedas leer sin interrupciones para que, conmigo, veas una panorámica, como un avance de película que te resuma la historia de la Biblia. Esta historia es narrada por Dios a través de los ojos de autores humanos, con el único propósito de que lo conozcas a Él: lo que Él ha hecho, Su gobierno, reinado y la historia de la redención de todas las cosas y el florecimiento de Sus criaturas y toda Su creación. Esta historia de hechos de la vida real se expresa en forma de números musicales, tragedias, comedia y sátira, discursos filosóficos, oráculos proféticos, acción, batallas, suspenso, romance, intriga y un final... épico.

Al leer la Biblia, es clave recordar que la persona de Cristo (el evangelio encarnado) y Su obra son la piedra central, el ancla teológica de la Biblia que centra, unifica y provee el clímax de toda su historia. El término metanarrativa bíblica se refiere a la gran historia que es la Biblia desde el principio hasta el final, compuesta por historias menores que forman un gran mosaico para darnos la imagen completa. Por tanto, la Biblia es una sola historia que trata de Jesús, no de nosotros. ¡Ojalá me hubieran enseñado esto más temprano en mi conocer de Jesús!

La Biblia me habla a mí, pero no habla de mí. No habla de mí porque no soy Abraham, Sara ni Rebeca; por tanto, al leerla no puedo adaptar directamente los hechos o las promesas hechas a ellos, con un propósito eterno y redentor por parte de Dios, como si fueran para mí en mi situación actual. Esta es una forma común, pero errónea. Irracionalmente insistimos en hacernos el centro de 6000 años de historia humana. Reclamamos promesas que hablan de un Dios que no cambia, que es soberano y hace con quien quiere lo que Él quiere.

Esta es una de las razones por las cuales tenemos mucha confusión al leer la historia bíblica. Nos obsesionamos con forzar eventos o historias de ellos en ese entonces directo a nuestras vidas hoy sin pensar. Eso nos hace convenientemente selectivos. Los sufrimientos, los condicionantes, los requisitos y las situaciones de prueba no los reconocemos tanto como nuestros. A pesar de que Cristo prometió que tendríamos aflicciones, nos resistimos a enfrentarlas, aun con métodos llamados «espirituales», aunque reflejan más bien un misticismo, como el popular: «¡No lo recibo!». No lo digo como crítica aislada, porque yo también lo practiqué muchas veces. ¿Pero las promesas sí las recibimos? Por tanto, necesito entender los principios que me permiten leer la Biblia *bien, correctamente* (2 Tim. 2:15) y no caer en la tentación de creer la Biblia por partes, selectivamente, como una obra de Frankenstein que adaptamos a nuestra conveniencia.

LA BIBLIA: UNA HISTORIA DE DIOS COMO AUTOR Y PROTAGONISTA

La Biblia es una historia, y es la historia del Dios redentor. Un plan desde antes de la creación del mundo, sin que nada lo sorprendiera o fuese impredecible para un Dios que todo lo sabe. Él establece Su reino en medio de criaturas, seres humanos y una creación que le pertenece. Un plan redentor, antes de que el pecado entrara al mundo, revelado en una historia con momentos, algunos muy tristes y otros de victoria y con un clímax restaurador. Conocemos el final: Apocalipsis 22, esperado con gozo, expectativa y esperanza, de plenitud sin incertidumbres, lágrimas ni angustias. La Biblia cuenta una historia desde la perspectiva de un narrador que, a la vez, es el autor de la historia.

Como en muchas películas, la Biblia no narra todos los eventos en orden cronológico. Por esto, en ocasiones, no es hasta más tarde en la narración cuando nos damos cuenta de que ese personaje era principal para la historia y que ¡siempre estuvo allí! Recién cuando vemos el final de la historia y repetimos esa película, nos damos cuenta y nos preguntamos: *¿cómo no lo vi?* ¿Por qué ocurre esto al narrar historias? Porque la intención no es transferir información. Al leer la Biblia como una sola historia, desde Génesis hasta Apocalipsis, donde leemos la narración y nos imaginamos lo que estaban viviendo y sintiendo los participantes, vamos entendiendo mejor las partes.

Dependiendo de cómo el Autor quiera destacar ciertos principios de la historia o instrucciones, Él decide cómo dar la historia, cuáles eventos y detalles incluir que aportan a Su revelación progresiva, de acuerdo con Su plan y conforme a Su voluntad. Esos detalles tendrán más claridad posteriormente, en general, a la luz de Cristo. Los autores bíblicos introducen o resaltan los personajes, las características y las acciones relevantes para la historia que tal vez no hemos notado desde el principio. Por eso no están todos los detalles sino solo los relevantes. No podemos interpretar o hallar significados en personas, eventos e historias individuales sin entender el contexto de la historia general. Es a la luz de lo general que podemos entender lo específico.

Debemos recordar que, a través de cada historia y de cada período bíblico, Dios está revelándose a sí mismo, no por lo que nuestra mente escoge recordar, sino por lo que nuestros ojos, al recorrer las páginas de la Biblia, observan detenidamente, detalles que a veces pasamos por alto.

¿QUÉ TIPO DE HISTORIA ES LA BIBLIA?

El autor Graeme Goldsworthy dijo: «Nunca, ninguna historia es solo una recolección de una sucesión de detalles o acontecimientos. *El historiador escribe selectivamente de acuerdo a su propósito*»[1]. La Biblia no está contando simplemente la historia de Israel; tampoco su propósito *primordial* es contar la historia de la humanidad. *La Biblia es una historia que enseña y comunica teología; es decir, su propósito es dar a conocer a DIOS y su relación con los seres humanos.* Repite conmigo esto en voz alta: «El protagonista de la historia de la Biblia es Dios».

En ese sentido debemos preguntarnos: ¿cuál es el propósito de Dios al revelar la historia de la Biblia? Hay muchas cosas que podríamos decir, pero en pocas palabras, la Biblia relata la historia del *establecimiento del reinado del Rey, Dios en Cristo, para Su gloria eterna a través de Su relación con toda la creación y todas Sus criaturas, y la creación de una familia eterna de portadores que reflejan Su imagen para Su gloria.* La humanidad es parte de Su plan, pero no es el fin último. La Biblia es un relato en proceso, donde Dios revela Su carácter y Sus obras progresivamente. Y en cada paso, Él se glorifica. Un solo versículo, capítulo, libro o grupo de libros no nos da a conocer la historia completa, pero el fin último en todo y en todos es la gloria de Dios en Cristo a través del actuar del Espíritu Santo.

El principio y el fin es Dios. Génesis 1:1 inicia con Dios en el principio creando los cielos y la tierra. El ser humano no aparece hasta más tarde. Y Dios estaba feliz, completo, contento en Su relación y existencia trinitarias y eternas. Por tanto, la historia de la Biblia debe ser leída con un protagonista y solo uno en mente: Dios. Apocalipsis 22:13

---

[1] Graeme Goldsworthy, *Evangelio y reino* (Madrid, España: Editorial Torrentes de Vida, 2014), p. 44 (énfasis añadido).

declara: «Yo soy el Alfa y la Omega, el Primero y el Último, el Principio y el Fin».

El gran pensador y autor de *Las crónicas de Narnia*, C. S. Lewis, dijo: «Creo en el cristianismo porque a través de él, veo el mundo».[2] No puedo traer mi mundo a la Biblia. La Biblia debe ayudarme a ver el mundo. Muchas veces, queremos forzar nuestro mundo, nuestras opiniones, nuestras perspectivas sobre este libro de milenios que es la Palabra de Dios. Esto no nos permite entenderla ni obedecerla porque estamos en medio de una lucha de opiniones: la mía contra la de Dios. Una lucha de perspectivas: la mía contra la de Dios. Esta es la principal razón por la cual los debates éticos han hecho a muchos dudar de la Biblia. En temas como el matrimonio, la ética sexual, la mentira, el orgullo, la avaricia y el aborto, tendemos a relativizar las circunstancias ante la Palabra y la opinión eterna de Dios plasmada en sus páginas.

UN PANORAMA DE LA BIBLIA DEBE INICIARSE CON DIOS

El panorama bíblico empieza con Dios. ¿Por qué? En Génesis 1:1, la Biblia abre el telón de la historia: «En el principio Dios creó los cielos y la tierra». Lo que Dios creó empieza con Dios, y Dios es eterno. No somos eternos en el mismo sentido en que Dios lo es; nuestra alma, nuestro espíritu, nuestra parte espiritual tiene eternidad. Dios tiene derecho a decir en Su Palabra cómo debe vivirse la vida, porque Él es el Creador de todas las cosas.

1. EL ORDEN DE LA CREACIÓN (Génesis 1)

El universo, las estrellas, la atmósfera y las órbitas tienen una existencia y funcionamiento exactos; sin un orden, no existiría la vida como la conocemos hoy. Vemos a Dios inteligentemente, cómo diseñó en orden Su proceso creativo. Posterior a esto, creó al ser humano y lo colocó en un jardín a partir del cual le encargó expandirse y llenar la tierra, el mundo donde todo era bueno. Y Dios le dio la habilidad,

---

[2] C. S. Lewis Institute, *Reflections: Christianity Makes Sense of the World*. 1 de diciembre de 2013. Último acceso: 4 de abril de 2024. https://www.cslewisinstitute.org/resources/reflections-december-2013/

la orden y la bendición de expandirse, florecer y reproducirse a toda la creación.

La salida del ser humano del jardín que Dios plantó —del único hogar que habían conocido, a pesar de las circunstancias— representaba la expansión del jardín. Te preguntarás: ¿cómo es esto posible? Salir del jardín, a pesar de ser una expulsión, también era gracia extendida, y fidelidad de Dios a Su propósito y plan originales. Era gracia extendida porque Dios pudo haber destruido al ser humano. También habría podido dejar al ser humano sin sustento fuera del jardín y no lo hizo. Y cuando leemos los capítulos siguientes, vemos la fructificación y expansión de la humanidad, el florecimiento de las artes, la construcción de ciudades, todo esto parte de la bendición de Dios y el mandato divino, la expansión del alcance del trabajo humano más allá del jardín, literalmente llenando la tierra.

La voluntad primaria de Dios de que el hombre llenara toda la tierra y la administrara, a pesar de las circunstancias que provocaron la salida de la primera pareja de los límites conocidos del jardín, representaba esperanza para ellos, para su descendencia. En última instancia, esta salida era esperanza y soberanía. La voluntad de Dios se cumpliría a través de ellos y a pesar de ellos y su desobediencia. Cultivar, edificar y llenar sería más arduo, tortuoso, difícil y doloroso, pero el propósito de Dios en ellos y a través de ellos sin duda se cumpliría hasta la formación y restauración de un jardín en cielo y tierra nuevos, expandidos y llenos tal cual Dios dijo.

2. LA CREACIÓN DE LA HUMANIDAD: HOMBRE Y MUJER (Génesis 2)

La palabra Adán es *«ish»* en hebreo, y significa «humano». Es «hombre» representa a la humanidad. Entonces se presenta luego a la mujer como *«isha»,* que es el femenino de «hombre». Por lo tanto, la mujer es la humanidad femenina, creada con el mismo valor. Aunque ambos fueron creados a la misma imagen y semejanza de Dios, Él usó un proceso creativo distinto y puso cosas muy diferentes en el hombre y la mujer. Celebra la igualdad que Dios provee al crearnos en cuanto a valor, virtud y todas las cosas que Él puso en tanto en el hombre como la mujer cuando nos hizo a Su imagen y semejanza. Y a la vez, como parte del diseño que Él afirmó como «bueno en gran manera» (Gén. 1:31), puso características físicas muy diferentes y peculiares tanto en el hombre como en la mujer.

3. TRINIDAD: TRES PERSONAS, MISMA SUSTANCIA. UN SOLO DIOS ETERNO

En la creación, vemos la relación intertrinitaria, la doctrina de la Trinidad; es decir, de Dios, que es un Dios en tres personas. No son tres dioses, no es un Dios en tres partes; es un mismo Dios en tres personas completamente plenas en sí mismas. Un solo Dios en esencia, tres personas. El teólogo Herman Bavinck lo dice en una de sus más famosas citas: «en la confesión de la Trinidad escuchamos el latido de la religión cristiana: cada error resulta de una reflexión más profunda vinculable a un desvío de la doctrina de la Trinidad». Esto no aparece claramente en un versículo bíblico aislado, pero es una doctrina, una enseñanza a través de toda la Biblia. Vemos esto través del estudio de toda la Palabra, y en la creación aparece por primera vez. Entonces, para Dios, desde el principio, en el primer capítulo de la Biblia, se usa *Elohim*, una forma plural para hablar de Dios (Gén. 1:26-28), Trinidad actuando. En el libro de Colosenses, vemos que dice que todo fue creado en el Hijo, Cristo, antes que todas las cosas (Col. 1:16-18). Hablando de Jesús, todo fue creado por medio de Él y para Él. Desde la creación, vemos que el Espíritu se movía sobre las aguas. Vemos al Padre, al Hijo y al Espíritu Santo como las tres personas de Dios actuando desde la creación. (Toma un tiempo para leer Colosenses 1:12-20).

Pablo, en Colosenses, defiende la supremacía de Cristo sobre todo. Su supremacía desde antes de la creación es el *Logos* (Juan 1:1), la Palabra creando, cuando Dios crea solo con el poder de Su Palabra (Gén. 1:6, 9, 14, 20). El Espíritu se movía sobre las aguas (Gén. 1:2). Pablo les recuerda a los colosenses que el amor de Dios les ha sido recordado en el Espíritu, que ahora habita en cada creyente. Dios presente. Detente y piensa en esto un momento. El mismo Espíritu que obró en la creación está en ti afirmándote Su amor. El mismo Espíritu que sostiene el universo nutre tu corazón con un sentido de pertenencia a Dios, iluminándote las promesas verdaderas, inamovibles y garantizadas que solo encontramos en Su Palabra (Juan 14:15-21).

¿Qué nos enseña la Biblia acerca de Dios? Dios creó todo lo que existe, y la creación tiene un orden. En Génesis 1, vemos que hay un orden lógico en la creación.

- Dios creó a los animales después de crear las plantas.
- Dios creó las plantas después de haber separado las aguas y la tierra. Pero antes de esto, separó la tierra seca proveyendo el sustrato para la vegetación.
- Antes que esto, Dios creó las grandes lumbreras —el sol, que es vital para el crecimiento de las plantas y la luna que controla las mareas—; de lo contrario, las criaturas y las plantas no hubiesen podido subsistir.

A pesar de que Dios creó todo, le dio un propósito al ser humano. Dios determinó que el ser humano usara su inteligencia y todo lo que Él le había otorgado para expandir Su obra y fructificar en toda la tierra, más allá de un jardín (Gén. 1:28). Dios puso en el jardín el árbol del conocimiento del bien y del mal y el árbol de la vida. La prohibición de comer del árbol de la vida no llegó hasta después de la caída.

4. LA CAÍDA DE TODA LA HUMANIDAD (Génesis 3)

Adán y su mujer en ese momento representaban la totalidad de la humanidad, el cien por ciento de los vivientes. Y Dios le dijo al hombre que de todo árbol del huerto podía comer, excepto del árbol del conocimiento del bien y del mal. El día que lo hiciera, iba a morir. Ellos aún no lo sabían; morirían a la inocencia, a la paz relacional entre Dios y ellos bajo el perfecto gobierno de Dios. El día que comieron, abandonaron la libertad de solo conocer el bien, y morirían al quedar esclavos del pecado. Serían muertos al deleite verdadero de una perfecta relación con Dios y pasarían a estar bajo la dictadura del «nunca es suficiente». Obviamente, esto incluye también la muerte física del ser humano. Cuando vemos la caída, la muerte del hombre no ocurrió el mismo día en que pecó, pero con el tiempo, lo llevó a eso, porque el ser humano no había sido diseñado originalmente para morir. La desconexión de la fuente de la vida, que era Dios, los llevó a la degradación y a una muerte lenta al estar separados de Él. La muerte y el pecado entraron al mundo cuando el ser humano decidió rebelarse contra Dios y decir: «Lo que yo creo que es mejor para mí me conviene más que lo que Dios dice que es mejor para mí». Y hoy seguimos haciendo lo mismo. Lo vemos desde infantes hasta personas mayores, sin excepción de pecados.

¿Podemos ver la rebeldía humana, la traición y la creencia de una mentira, que iniciaron cuando la serpiente le dijo al ser humano: «Pues Dios sabe que el día que de él coman, se les abrirán los ojos y ustedes serán como Dios, conociendo el bien y el mal» (Gén. 3:5)? Y la realidad es que ya el ser humano había sido creado como Dios: a Su imagen y semejanza. No serían Dios, pero habían sido creados para reflejarlo y gobernar la creación con Él. Sin embargo, renunciaron a la herencia de hijos, a cambio de una gran mentira.

Adán fue el mejor representante que la humanidad tendría hasta el segundo Adán (1 Cor. 15:45), que fue creado en las mejores condiciones, sin pecado. Sí, el segundo Adán, Cristo, fue nuestro mejor representante. ¿Cuánto más hubiésemos hecho nosotros? Si soy sincera, reconozco que me hubiera comido no solo una fruta, ¡sino el árbol completo! Y todavía tenemos la gallardía de pensar: «¿Por qué yo tengo que pagar las consecuencias de lo que hizo Adán?». Bueno, todos tendríamos que pagar, por eso vivimos bajo pura gracia.

Justamente porque el primer Adán era nuestro mejor representante, quien tenía la mejor oportunidad de honrar a Dios y no lo hizo, es que en él todos caímos, y esto hizo que el pecado entrara al mundo, que la muerte, la enfermedad, la vergüenza, la culpa, el temor, la insatisfacción, la confusión, la disfuncionalidad de la creación y del ser humano en toda su expresión como una espiral descendente entraran para quedarse, o eso parecía.

La simiente de la mujer, un descendiente que representaba a toda la humanidad, redimiría de una vez y para siempre y destruiría a la serpiente. A pesar de que eso implicaría sufrimiento para la simiente, no sería destrucción total (Gén. 3:15). Destruiría el poder del mal, liberando a la humanidad cautiva. Conquistaría con la verdad y liberaría de la mentira. Esta es la promesa de redención o el protoevangelio, la primera imagen de una fotografía que se revelaría en la historia a su debido tiempo (Gál. 4:4-7). Pura gracia.

5. DE MAL EN PEOR (Génesis 4–11)

Cuando la enfermedad entró al mundo, no solo entró la enfermedad física, sino también las enfermedades mentales, la ansiedad, el temor, la vergüenza... todo esto es fruto de la caída. Vemos entonces que la raza humana, en vez de ir mejorando, fue empeorando a través de los años. Y tenemos a la primera familia: Adán y Eva, y sus dos hijos, Caín y Abel. Vemos que Caín asesinó a Abel. Había cuatro personas en el planeta y ya una asesinó a otra.

Otro ejemplo de la constante desviación es que, a pesar de que Dios había dicho a sus padres, Adán y Eva, que el hombre se uniría a su mujer (monogamia, heterosexualidad), Lamec decidió buscar para sí dos mujeres (Gén. 4:19-24). A pesar de los malos ejemplos, había un testimonio de Dios, y una generación después, la gente nuevamente se tornó a su Creador y comenzó a invocar el nombre del Señor (4:26). Las genealogías son sumamente importantes, cuando las leemos a la luz de la ley de Dios expresada y puesta en los corazones humanos (Rom. 1:18-22).

6. LA HUMANIDAD CORROMPIDA (Génesis 11)

Cada vez que pensamos: ¿de dónde viene el mal y por qué Dios permite el mal en la humanidad?, estamos haciendo la pregunta incorrecta, porque lo primero que tenemos que hacer antes de cuestionar a Dios es pensar: ¿por qué los seres humanos hacemos estas cosas? Porque siempre es un ser humano practicando maldad contra otro ser humano. Dios nunca es autor de maldad (1 Cor. 14:33, Sant. 1:13, 1 Jn. 1:5). La maldad humana llegó a un punto donde Dios tuvo que destruir la tierra a través de un diluvio (Gén. 7) y renovar entonces Su pacto con un hombre llamado Noé (Gén. 9), después de lo cual Él reconstruyó toda la raza humana a partir de una nueva familia de ocho integrantes: Noé, su esposa, sus tres hijos y las esposas de sus hijos.

Dios también preservó Su creación para que experimentara redención (Rom. 8:22); esto estaba desde el principio en el plan de redención, y Dios redimirá lo que el hombre dañó. El hombre, en su intento de suplantar a Dios y llevarle la contra, decidió que, en lugar de llenar la tierra y sojuzgarla, se rebelaría nuevamente contra la voluntad de Dios, y se congregó en un lugar: Babel, en Sinar, donde se colocarían las bases de la ciudad histórica de Babilonia. En lugar de usar sus dones, sus talentos y habilidades dados por Dios, los hombres decidieron reunirse para competir contra Él y obtener gloria para ellos mismos. Y en ese momento, Dios, expresando misericordia en vez de destruirlos completamente, los dividió, les dio lenguas (idiomas diferentes) para que no predicaran el evangelio del yo y del nosotros en lugar de la gloria de Él. Pura gracia. Aun en esa sombra, había una luz de redención futura (Hech. 2).

Dios decidió usar a Noé como un inicio nuevo en la tierra. Sin embargo, Noé, el nuevo representante-cabeza de la humanidad, sembró un huerto, construyendo su propio Edén, su propio nuevo comienzo, se emborrachó y uno de sus hijos lo deshonró: Cam, de quien descienden los cananeos. Nuevamente, la raza humana demuestra que el pecado hace necesario que venga alguien mejor que nosotros, porque nosotros mismos no nos podemos salvar; la humanidad no puede dejar de pecar.

Así, continuamos viendo cómo se formaron naciones a partir de Noé, y, a pesar de sus fallas y desobediencias, Dios no cortó de raíz su propósito de multiplicación y florecimiento de la humanidad, y les permitió que se multiplicaran en número. Nos bendijo como humanidad a pesar de nosotros mismos. Dios continuó bendiciéndonos, ampliando la raza humana, a pesar de su traición. Ese es un Dios amplio en misericordia y gracia. El Dios del Antiguo Testamento y Su *kjésed*[3] es el mismo Dios de gracia del Nuevo Testamento.

7. ABRAHAM

En una tierra lejana fue donde Dios tomó la iniciativa, se acercó a un pagano que no lo buscaba, un adorador de ídolos (Jos. 24:2-3) y se reveló a Él: Abram. Un hombre a quien Dios llamó y le dijo: «Vas a ser mi siervo, y si tú me sigues, entonces yo cumpliré esta promesa y haré este pacto contigo y tu descendencia que asegurará esta relación para siempre. La garantía de que se cumpla soy yo mismo».

[3] También traducido amor paciente, misericordia extendida, longanimidad, compasión.

Dios tomó la iniciativa. Dios se encontró con Abram y le dio esta promesa, en la cual mostró: «No se va a tratar de ti, no se va a tratar de tu familia, no se va a tratar ni siquiera del país que más se va a identificar con tu descendencia. Se va a tratar de que en ti serán benditas todas las familias de la tierra», y eso lo vemos cumplido en Cristo. «Y Abram creyó en el Señor, y Él se lo reconoció por justicia» (Gén. 15:6). Abram, como todo creyente en el Antiguo y Nuevo Testamento, fue y es justificado por fe (Rom. 4:22; Gál. 3:6-29). Pura gracia. ¿Cómo? Por la muerte de Cristo, el descendiente de Abraham, todas las familias de la tierra fueron bendecidas, y entonces, como enfatiza el libro de Romanos, vinimos a ser parte de la familia de Dios.

Continuemos con nuestra historia…

Más adelante, Abraham tuvo un hijo, Isaac. Isaac tuvo un hijo, Jacob. Y Jacob tuvo doce hijos y una hija. Hubo una hambruna extendida en la región y le fue advertida a José, uno de los hijos de Jacob, el cual, en una situación macabra por el pecado de sus hermanos, fue usado como instrumento de salvación para su familia y muchos. Un eco de Cristo.

8. DIOS LIBERTA A SU PUEBLO (Éxodo, Números)

El pueblo de Israel terminó en Egipto y, desde Egipto, Dios hizo un milagro, con lo que probablemente sería una de las tasas de nacimiento más altas registradas en la historia, aunque se han registrado tasas menores pero similares en otros casos. O sea que sí, es posible, pero solo bajo circunstancias específicas y bajo la bendición reproductiva de Dios. Así, un pueblo o una familia de 70 personas —los 12 hijos de Abraham, de Jacob y su familia, sus nietos y los hijos de sus hijos— llegó a Egipto y, 430 años después, vemos a más de 2 millones de personas salir de Egipto, liberadas por Dios, un pueblo que ya ni siquiera lo conocía como su Dios; tal vez lejanamente como el Dios de sus padres, pero no el de ellos. Dios escuchó su clamor después de 400 años en que este pueblo no lo había seguido. La libertad vino a través de diez plagas que testificaron quién era el Gran Yo Soy, no solo a sus testigos judíos, sino también a los egipcios y las naciones. Las naciones siempre están en el plan de Dios (Ex. 7–10). Y, cuando los judíos salieron de Egipto por la mano poderosa de Dios, representantes de las naciones salieron con ellos (Ex. 12:38, 43-51). por la fe en el Dios que los liberó.

En el desierto, el pueblo lo conoció más y lo adoró, tal como Él prometió que pasaría, y Dios se reveló a través de los Diez Mandamientos. Entonces, vemos a un Dios santo encontrándose en el desierto con un pueblo que no es santo, un pueblo que no sabía cómo relacionarse con un Dios santo. Más adelante, Dios les reveló los Diez Mandamientos (Ex. 20) y una cantidad de leyes para que ellos nuevamente aprendieran a relacionarse con un Dios santo que ellos no conocían. Fueron instruidos para relacionarse de una manera santa, que quiere decir «apartada», diferente a cómo el mundo alrededor de ellos se estaba relacionando.

9. LA LEY DE MOISÉS

A través de la ley, Dios estableció las bases para la *relación,* los términos, cómo Su pueblo debía relacionarse con Él, con la creación y los unos con los otros. Esto revelaba Su carácter, porque Dios dio las leyes y las ordenanzas como un medio de gracia. Estableció distintivos entre los dioses de las naciones, los dioses de Egipto, los que ellos habían conocido. También les dio una identidad correcta: la manera en la cual se relacionarían con Dios y entre ellos; eso revelaría a las naciones cómo era el Dios al cual ellos servían. El Rey del reino los estableció como Su pueblo, con una identidad diferente que lo daría a conocer.

No podemos evitar ver las sombras de las palabras de Jesús unos 1400 años más tarde: «Un mandamiento nuevo les doy: "que se amen los unos a los otros"; que como Yo los he amado, así también se amen los unos a los otros. En esto conocerán todos que son Mis discípulos, si se tienen amor los unos a los otros» (Juan 13:34-35).

10. LA LEY, UN MEDIO DE GRACIA (Éxodo 20, Levítico, Deuteronomio)

La ley era un medio de la gracia de Dios sobre la humanidad. No era un medio restrictivo, maligno, como muchos de nosotros interpretamos las ordenanzas o los mandamientos, sino que era una niñera —como dice Pablo, un *ayo*—, que cuidaba (Gál. 3:24-26) y enseñaba como a niños pequeños: «Mira, esto está mal o eso está bien».

Porque el ser humano no sabía estas cosas, su conciencia estaba tan entenebrecida después de tanto tiempo alejado de Dios en Egipto, que no sabía distinguir entre lo malo de la cultura y su identidad basada en las promesas de Dios a sus padres. Tampoco comprendían la razón de que Dios los hubiera separado y su estatus temporal en medio de Egipto.

Con la ley en tablas, Dios reiteraba la ley que había puesto en sus corazones y establecido a generaciones anteriores: en el jardín, Él era el supremo, el único Dios a quien Adán, Eva y toda la creación respondía, y a nadie más adoraría (primer y segundo mandamiento). Dios estableció el día de reposo cuando descansó en el sexto día de la creación y dejó ejemplo para el ser humano (cuarto mandamiento). Al crearlos, estableció un matrimonio fiel y un orden básico para la futura humanidad (séptimo mandamiento). Al confrontar a Caín con su pecado y mirar con desagrado su ofrenda, le advirtió contra la codicia que sintió por la ofrenda de Abel y la ira que lo llevó a derramar la sangre de su hermano. Su hermandad añadía al pecado de asesinato la violación de la honra a sus padres y eso era un agravante (quinto y octavo mandamientos).

Es importantísimo que nosotros podamos ver que *todo lo que Dios hace revela Su carácter.* Pero el carácter de Dios muestra Su gracia; es un Dios bueno, es un Dios justo también. Entonces, al ver Su justicia, Su santidad y Su señorío, vemos Su amor. Israel creció, pero desobedeció a Dios y Él lo mantuvo 40 años en el desierto dando vueltas, hasta que toda la generación incrédula murió y una nueva generación se levantó.

El libro de Levítico confunde a muchos cristianos. Lo considero una joya mal entendida por algunos creyentes cuando nos ponemos en el centro de la lectura. Este libro nos enseña la santidad de Dios, aunque nos parece sumamente confuso. Aquí, Dios está revelándose a dos millones de personas provenientes de la misma familia, que habían sido esclavas por más de 400 años y no conocían su identidad ni orígenes. Levítico es un libro de leyes para un pueblo que se relaciona con un Dios *santo* en todos los ámbitos de la vida y ordenanzas para su relación con los demás como individuos, matrimonios, familia y como sociedad. Regulaba la vida religiosa y la adoración del pueblo.

El sistema sacrificial apuntaba a tipos y sombras de Cristo, desde el sacerdocio hasta todo el proceso de la expiación, los cuales nos son revelados y claramente explicados en el libro de Hebreos y a la luz del Nuevo Testamento. Por eso, si estás leyendo, podrías hacer una pausa y leer este libro en paralelo con Hebreos. Solo este ejercicio te ayudará a entender mucho más. Por otro lado, Dios prohibía la práctica común de la idolatría a través del sacrificio de niños, muy común para los pueblos de alrededor.

Las leyes sanitarias que se referían a descargas corporales, comida, vestido y que no eran «morales» en sí mismas regulaban el saneamiento y la salubridad de 2.000.000 de personas que acamparon por el desierto 40 años y luego habitaron en un territorio y se establecieron como nación. Vemos las primeras leyes ambientales y de sostenibilidad ambiental que consideraban el cuidado hasta del hábitat de las aves y los ciclos de recuperación de la tierra para cultivos. Vemos a un Dios que se involucraba de manera cercana e íntima, y reflejaba Su carácter protector y sustentador de toda Su creación.

Obviamente, las leyes morales no podían ser temporales; permanecen hasta hoy porque responden al carácter eterno e inmutable de Dios en Su relación con el ser humano. Por ejemplo, Levítico 15:19-33 presenta las regulaciones para las descargas corporales naturales de la mujer y el hombre, y enfatiza algo único para la mujer: su ciclo menstrual. Estas leyes daban un espacio de descanso a la mujer en medio de limitaciones sanitarias y relacionales, donde aún los esposos no entendían los límites, y la mujer quedaba a merced de los deseos de su esposo, aun estando físicamente indispuesta, y también durante la recuperación de un parto. Incluso hoy existen campañas y proyectos para proveer productos sanitarios a millones de niñas y adolescentes que durante sus días no pueden asistir a la escuela. Por tanto, no eran leyes restrictivas en ese contexto; eran radicalmente contraculturales, de *protección* para la mujer. En este caso, el mensaje para ellos era que *Dios no debía ser tratado como los dioses paganos, y ellos se diferenciarían relacionalmente como individuos y sociedad de los demás pueblos.* La aplicación moderna evidentemente variará, pero siguen en pie el mismo principio protector de los vulnerables y los principios sanitarios y de salubridad. Sus leyes y la aplicación de estas eran reflejo de un Dios protector del vulnerable, que valoraba mucho la *imago Dei,* la imagen de Dios impregnada en cada ser humano sin hacer distinción de género, tiempo de gestación, raza, cultura o religión.

11. CONQUISTA, TERRITORIO Y DECISIÓN (Josué y Jueces)

El libro de Josué empieza con el duelo del pueblo por Moisés. A los 80 años de edad, Josué, su pupilo, un general y exesclavo, necesitó la afirmación de Dios para guiar a 2.000.000 de personas y conquistar un gran territorio. Pero el territorio no era lo primero por conquistar. Lograr que no se repitieran las fallas de sus padres en su relación con Dios y un compromiso personal de esa generación era una batalla por las mentes y la verdad. Se parece un poco a nosotros, ¿no?

Ahí estableció Dios a Su pueblo como nación. La promesa hecha a Abraham, Isaac, Jacob y sus descendientes se cumplió. En Josué 1:3, Dios declara: «Todo lugar que pise la planta de su pie les he dado a ustedes, tal como dije a Moisés». Pero esto debe ser interpretado a la luz de lo que Dios había afirmado apenas unos días antes a este mismo pueblo en Deuteronomio 9:4-6:

> No digas en tu corazón cuando el Señor tu Dios los haya echado de delante de ti: «Por mi justicia el Señor me ha hecho entrar para poseer esta tierra», sino que *es a causa de la maldad de estas naciones* que el Señor las expulsa de delante de ti. *No es por tu justicia ni por la rectitud de tu corazón que vas a poseer su tierra,* sino que por la maldad de estas naciones el Señor tu Dios las expulsa de delante de ti. Comprende, pues, *que no es por tu justicia que el Señor tu Dios te da esta buena tierra para poseerla, pues eres un pueblo terco* (Énfasis añadido).

Sin embargo, no obedecieron completamente ni conquistaron completamente. No sacaron del todo a los dioses y las costumbres de la tierra. Luego, en Jueces, vemos cómo el pueblo al que Dios había sacado, guiado y preservado milagrosamente se vuelve en contra de Él, y se vuelven unos contra otros. En el libro de Jueces y el libro de Rut, suceden cosas terribles, y Dios nuevamente les demuestra: «Ustedes no pueden; necesitan un Salvador».

Esta era de la conquista (Josué, Jueces, Rut y los inicios de Samuel) nos deja con dudas de cómo entender estos pasajes. Un estudio del contexto de la era de la conquista y los jueces trae luz a los libros históricos. Veremos pasajes violentos en donde el protagonista es realmente Dios y los villanos son... ¡todos! Los supuestos héroes son realmente antihéroes. Sansón, Gedeón, Jefté y Barac fueron hombres usados como instrumentos en las manos de un Dios misericordioso, lleno de gracia y poderoso, pero se dejaron llevar por sus inseguridades, pasiones desenfrenadas, temores y, en última instancia, infidelidad a Dios. Aunque tenían fe, no eran los héroes de la historia. Esto dejaba un mensaje claro de parte de Dios: «Necesitan a alguien mejor que ustedes que los pueda representar, que pueda pagar justamente por lo que ustedes están haciendo, por su maldad». Pero todo esto apuntaba a un Salvador futuro. El libro de Jueces no apunta a salvadores que fallan, o salvadores moralmente errados que no eran superhéroes, sino a personas que cometieron cosas graves moralmente delante de Dios. Apunta a una esperanza, la simiente que habría de venir: un Salvador superior.

Jueces 21:25 narra que «en esos días no había rey en Israel; cada uno hacía lo que le parecía bien ante sus propios ojos». Debemos entender que su problema no era quién gobernaba, sino el corazón de las personas. Los gobernantes representan a sus pueblos. A veces, hemos enseñado las historias de los jueces como si fueran héroes infalibles. Este libro habla de un Dios misericordioso que usa pecadores para librar a Su pueblo de manera épica. El pueblo hacía lo que quería y abandonaba al Señor, caía ante opresores, clamaba, Dios levantaba un libertador —el cual, dada la condición del pueblo, también presentaba serias fallas morales—, el pueblo era liberado y tenía descanso. Así, el ciclo se repitió por casi 400 años, empeorando como espiral descendente. A medida que la narrativa de los jueces avanza, todo va empeorando y los casos son más «bizarros».

¿Una aplicación? El ser humano no cambia. Los valores relativos llevan a una sociedad a la anarquía. Todos sufren, pero los más vulnerables sufren más: las mujeres, las viudas, los niños, los huérfanos. Una sociedad que pierde el valor de la vida humana se autodestruye. Los líderes son un reflejo de su pueblo. Que un líder sea usado por Dios no debe hacer que el pueblo excuse, minimice o apruebe las fallas, los pecados y las inmoralidades de dicho líder. Ser usado por Dios para un propósito no significa que la persona no rendirá cuentas o que será exenta de las consecuencias de su propio pecado. El pecado siempre te llevará más allá de donde pensabas y sus consecuencias serán peores que las que estabas dispuesto a pagar.

> Dios no debía ser tratado como los dioses paganos, y ellos se diferenciarían relacionalmente como individuos y sociedad de los demás pueblos.

12. REYES MALOS, NO TAN MALOS Y TERRIBLES (1–2 Samuel, 1–2 Reyes y 1–2 Crónicas)

Dios nuevamente mostró que cualquier salvador humano sería insuficiente ante la necesidad de redención. El pueblo se cansó de que Dios fuera su rey y le pidió un rey, y Dios les dio al rey Saúl, a pesar de que les había advertido lo que pasaría cuando tuvieran reyes además de Dios.

Los Libros Históricos nos llaman a volver a la ley de Dios. Dios, sabiendo que Su pueblo terminaría rechazando la teocracia y el sistema de gobierno que había establecido para ellos, porque querían ser como las demás naciones, les advirtió siglos antes, en Deuteronomio 17:14-20: «Cuando entres en la tierra que el Señor tu Dios te da, y la poseas y habites en ella, y digas: "Pondré un rey sobre mí, como todas las naciones que me rodean", ciertamente pondrás sobre ti al rey que el Señor tu Dios escoja [...] Además, el rey no tendrá muchos caballos ni hará que el pueblo vuelva a Egipto [...] Tampoco tendrá muchas mujeres, no sea que su corazón se desvíe; ni tendrá grandes cantidades de plata y oro. Y cuando él se siente sobre el trono de su reino, escribirá para sí una copia de esta ley en un libro, en presencia de los sacerdotes levitas. La tendrá consigo y la leerá todos los días de su vida, *para que aprenda a temer al Señor su Dios, observando cuidadosamente todas las palabras de esta ley y estos estatutos, para que no se eleve su corazón sobre sus hermanos* [...] a fin de que prolongue sus días en su reino».

Aun los reyes considerados buenos desobedecieron este mandato, y las consecuencias no se hicieron esperar: un hombre conforme al corazón de Dios abusó de su poder, un rey sabio se desvió tras los ídolos de sus esposas. Los reyes permitieron y animaron el desvío del pueblo apoyados por un sacerdocio y profetas corruptos que no hablaban la verdad. ¿Cuánto de esto vemos hoy día dentro y fuera de la iglesia? ¿Cuánto de esto minimizamos en nuestras propias vidas? Toma unos minutos para reflexionar y orar para que Dios nos vuelva a Él como individuos, familias, matrimonios, iglesia y naciones.

Entonces, Saúl se convirtió en rey. La historia del primer rey presenta a un reino unido bajo el reinado de Saúl. Luego, vino David, y a él le sucedió Salomón. A partir de entonces, tenemos un reino dividido: diez tribus de Israel pasan a ser conocidas como el reino del norte, y dos tribus son conocidas como el reino del sur. El reino del norte es conocido como Israel; el reino del sur, como Judá.

Todo el libro de 2 Samuel, 1 y 2 Reyes y 1 y 2 Crónicas narran las acciones, las motivaciones y los desaciertos religiosos, militares y políticos del pueblo, y cómo el pueblo y sus líderes se desviaron detrás de sus ídolos, de la inmoralidad, de la sexualidad fuera del orden de Dios y de la injusticia. Y una vez más, Dios hizo que se despertara el deseo por un verdadero justo que se levantara y pudiera cambiar la injusticia; no solamente la injusticia que ellos estaban padeciendo, sino la injusticia ante Dios que ellos mismos estaban cometiendo. La injusticia que consistía en tornarse contra el Dios justo, el Dios bueno, el Dios santo, y vivir como les diera la gana.

Pensemos en los legados del rey Manasés y su nieto Josué. Las crónicas no eran una repetición innecesaria, sino la perspectiva sacerdotal y de adoración de un pueblo sin templo que retornaba del exilio, y cómo estas crónicas debían ser lecciones aprendidas para no repetirlas. Lamentablemente, los profetas —especialmente, el último— nos muestran que no fue así. Veinte reyes malos en el norte, Israel. Pocos reyes buenos, una reina perversa y maquiavélica y otros reyes malos; diecinueve reyes y una reina en el sur, Judá. Todos estos descendientes de la dinastía de David preservados por la misericordia de Dios y Su fidelidad a Su promesa. Ninguno mejor que el otro; ambas naciones se desviaron tras otros dioses y Dios mantuvo un remanente por amor de Su nombre.

El Mesías reuniría a un pueblo de todas las naciones para Sí. Ellos le habían dado la espalda a Dios y habían ido tras otros ídolos, al punto de ofrecer sus hijos como sacrificios quemados a dioses paganos como Moloc. Los pastores estaban dañados, los profetas, vendidos, los sacerdotes, empoderados, y se cuidaban a sí mismos y no a otros. Dios envió profetas fielmente, no solo a predicar sino a vivir el evangelio, el mensaje de arrepentimiento y de volverse a Dios. Pero no escucharon.

Todo esto fue lo que el pueblo de Israel practicó por años, y Dios los llevó entonces a un exilio. Nuevamente, los castigó y los enjuició para que ellos pudieran volver a humillarse delante de Dios, si no por las buenas advertencias, entonces por las malas consecuencias.

> Para que aprenda a temer al Señor su Dios, observando cuidadosamente todas las palabras de esta ley y estos estatutos, para que no se eleve su corazón sobre sus hermanos.

13. PROFETAS Y CHARLATANES: DIOS CONTRA EL PUEBLO, SUS LÍDERES Y LOS MALOS PASTORES

En la historia del pueblo de Dios, siempre han existido personas que falsamente dicen hablar de parte de Él y otros que verdaderamente exponían Su verdad. Pero ¿cuál era el rol de los profetas? Para esto, necesitamos leer bien su mensaje y qué dice Dios de sus vidas. Hay tres componentes principales del mensaje profético: la denuncia del pecado, la declaración de juicio y la restauración. Estos apuntan a Cristo y el mensaje profético es *evangelístico* por naturaleza (Deut. 18:21-22; 1 Jn. 4:1).

Te invito a hacer el siguiente ejercicio: toma un libro pequeño de los profetas; podría ser Amós, ya que no es un libro popular y es poco leído, pero tiene un mensaje precioso. Con tres colores distintos, marca con una línea vertical lateral los pasajes donde el mensaje sea:

una denuncia del pecado (rojo), una advertencia del juicio que vendría (púrpura) y una promesa de restauración física o espiritual (verde).

Yo lo hago de esta manera:

- PÚRPURA O MORADO: juicio, castigo, consecuencias por el pecado.
- ROJO: Pecado, ruptura de la ley, transgresión, maldad, injusticia.
- VERDE: restauración espiritual o física.

Este gráfico representa los ciclos identificables en el mensaje de los profetas en todo el Antiguo Testamento.

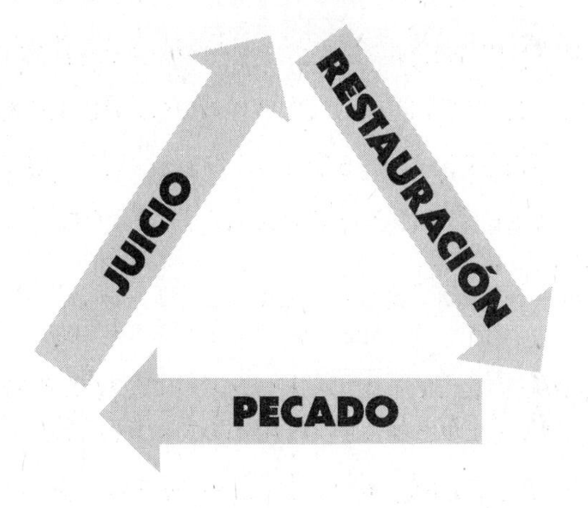

El mensaje de los profetas se resume en estas tres cosas: declaración del pecado (decirle al pueblo cómo había pecado delante de Dios), declaración de juicio (decirles cuáles iban a ser las consecuencias de haber pecado contra Dios) y declaración de restauración. ¿Qué revelaba esto de Dios? Mostraba Su misericordia acompañando a Su juicio; el juicio siempre iba de la mano con la misericordia de Dios. Y esto nos lleva a ver nuevamente que el Antiguo Testamento nos revela a un Dios de gracia.

Los profetas Jeremías y Ezequiel denunciaron de parte de Dios a los falsos profetas, pues su mensaje era personal en lugar de corporativo. Los falsos profetas eran complacientes; decían lo que las personas del pueblo, los gobernantes y los líderes de su época querían oír, en lugar de hablar verdad por difícil que fuera, y de llamar al pueblo a volver a Dios y no a una falsa prosperidad. Estos profetas debían pasar tres pruebas que hoy en día son lineamientos para discernir que no todo mensaje aparentemente bíblico viene de Dios.

Mi amiga y admirada maestra bíblica Amy Stevens me lo explicó de esta manera hace muchos años: 1 *La prueba teológica,* que pregunta: ¿es doctrinalmente correcto? ¿Está utilizando la Palabra de Dios escrita correctamente o solo para justificar lo que quiere decir? (Deut. 13:1-11). 2) La *prueba práctica,* que responde a: ¿se cumplen infaliblemente las palabras del profeta? Según lo que Deuteronomio 18:20 nos enseña, un profeta verdadero no dejaba espacio para la falibilidad sin enfrentar la muerte como consecuencia. Finalmente, 3) la *prueba moral,* que nos apunta a poner énfasis en el carácter del líder de Dios. ¿El profeta tiene un carácter piadoso? (Jer. 23:9, 13-23).

Dios nos llama a regresar a los básicos de la verdadera revelación de Dios: la Palabra profética más segura: la Biblia. En 2 Pedro 1:19-20, dice:

> Y así tenemos la palabra profética más segura, a la cual ustedes hacen bien en prestar atención como a una lámpara que brilla en el lugar oscuro, hasta que el día despunte y el lucero de la mañana aparezca en sus corazones. Pero ante todo sepan esto, que ninguna profecía de la Escritura es asunto de interpretación personal, pues ninguna profecía fue dada jamás por un acto de voluntad humana, sino que hombres inspirados por el Espíritu Santo hablaron de parte de Dios.

Dios prometía guardar al pueblo no por su propia rectitud, pues a este punto había demostrado su reincidencia en apartarse. En cambio, Dios había prometido un remanente y un Mesías salvador por amor de Su nombre, y lo cumpliría (Jos. 7:9; Sal. 23:3; 25:11; 31:3; Ezeq. 20:44; 39:25).

La iglesia hoy en día necesita retornar a su mensaje profético, enseñando la Palabra de Dios, siguiendo el mandato de Cristo de hacer discípulos enseñándoles a guardar todo lo que Él ordenó (Mat. 28:18-20), desde Génesis hasta Apocalipsis. La iglesia necesita llamar a pecadores dentro y fuera de sus filas al arrepentimiento, advirtiendo que Dios juzgará todas las cosas y que Su juicio empieza por Su casa (1 Ped. 4:17). También hay un mensaje de esperanza para aquellos que perseveran en Cristo hasta el fin, de que seremos preservados en Él si permanecemos en Él y Sus palabras. El mensaje profético era eminentemente evangelístico para ellos entonces, y de igual manera lo es para nosotros hoy.

Toda esta historia nos revela a un Dios que no es solo amor y dice: «No importa lo que hagas; yo te voy a amar». Ese no es el Dios de la Biblia. El Dios de la Biblia es un Dios justo, un Dios que envía juicios sobre Su pueblo cuando se desvía, para traerlo de vuelta a Él. Un Dios que también revela misericordia y se compadece de Su pueblo.

14. EL EXILIO Y LA GRACIA DE DIOS EN MEDIO DE SU JUICIO

Entonces, nosotros vemos cómo nuevamente Dios envió profetas para que Su pueblo se arrepintiera. El pueblo no lo hizo, y Dios los llevó al exilio. Aun en el exilio, les dio profetas para que conocieran la Palabra. El propósito de los profetas no era revelar el futuro; básicamente, el propósito era la predicación del arrepentimiento, el llamado a volverse a Dios tras las claras denuncias de cómo se habían desviado de la ley, apartado de Dios y roto el pacto. Los profetas advertían sobre las consecuencias y el juicio por venir, y daban esperanza y buenas nuevas de restauración a aquellos que se arrepintieran y volvieran a Dios, a todos los que esperaban en Él y Su restauración final en Su reino eterno a través de Su Mesías. Y a través de ellos, Dios les dio en su momento histórico la promesa de regresarlos a su tierra después de setenta años. Esto lo vemos en los libros de Esdras, Nehemías y luego en los libros del profeta Hageo y el profeta Zacarías, cómo ellos fueron entonces restaurando la tierra, cómo fueron reconstruyendo el templo después de la destrucción que su tierra padeció.

Todos estos son hechos históricos. Son cuestiones que no solo aparecen en la historia de la Biblia, sino también en la historia de la humanidad. En la Biblia, vemos imperios que estudiamos en el colegio, vemos a Nabucodonosor, Persia, Media, a Darío, a Ciro el Grande, y a Alejandro Magno en algunos de los libros proféticos como Daniel;

tal vez no como figura directa, pero sí como una figura descriptiva muy claramente que apunta a esto.

15. EL SILENCIO DE LA VOZ DE DIOS: PREPARANDO EL CAMINO

El pueblo cae nuevamente en otro ciclo de desobediencia, al punto de que Dios dice que por 400 años ya no va a hablar y cierra la línea de acceso, deja de enviar profetas y cierra el Antiguo Testamento con el profeta Malaquías. Entonces, en el Nuevo Testamento, se levanta una voz profética que había sido predicha desde Isaías: Juan el Bautista, quien anuncia el camino del Señor.

A través de Malaquías, se cierran las profecías del Antiguo Testamento y comienza el período intertestamentario de 400 años de silencio de Dios. El pueblo tendría la ley, los escritos y las profecías escritas para guiarlo. Aun en el silencio temporal de Dios, Su Palabra escrita sería esperanza, dirección y refugio seguro a los que se ampararan en ella.

Luego de regresar del exilio y reconstruir el templo por segunda vez, el mundo bíblico histórico pasó —tal como predijo el profeta Daniel— por el dominio de varios imperios. Posterior a los medo-persas, durante los 400 años de silencio, ocurrió la conquista del mundo conocido por Alejandro Magno. Después de varias dinastías y cambios de poder, la conquista cultural, filosófica y lingüística griega solo se afianzó. Aunque le sucedió el gran Imperio romano, el establecimiento de la *pax* romana que permitía seguridad de traslado entre regiones, la construcción de carreteras que conectaban el imperio y el griego como idioma común abrieron paso al tiempo perfecto para la venida de Cristo y la posterior proclamación del evangelio al mundo conocido. Pero eso lo veremos más adelante; no les quiero arruinar la historia.

Los libros apócrifos pueden ser un referente cultural e histórico de la época del *silencio*, pero no tienen autoridad bíblica ni son parte del canon de la Escritura, pues surgieron en un tiempo en donde Dios *no* estaba verbalmente hablando o inspirando, y había cerrado con las palabras de espera y esperanza (Mal. 4:4-6). Nuevamente, esto no quiere decir que el pueblo estaba sin guía, pues tenía todo el

Antiguo Testamento escrito, el testimonio de generaciones recientes y el actuar de Dios en medio de ellos. Dios nunca ha dejado a Su pueblo sin Su Palabra, y esta ha sido y será siempre la profecía más segura, Su Palabra escrita. Otra razón por la cual no consideramos estos libros apócrifos como inspirados es que no formaron parte de lo que el pueblo consideró la Biblia hebrea o el Antiguo Testamento que validó Cristo durante Su ministerio en la tierra (Luc. 24:25-27).

16. JESÚS, EMANUEL, EL CRISTO

¿Cómo llegamos donde estamos desde este punto de la historia a la venida de Jesús? Lucas 4:18 nos muestra el «ahora pero no todavía», a la vez que cumple la profecía mesiánica y deja abierto el paréntesis para que lo predicho por Isaías se cumpla completamente en Su segunda venida. Cristo fue el cumplimiento pleno de aproximadamente 353 profecías mesiánicas contenidas en el Antiguo Testamento con detalles impresionantes de las circunstancias de Su nacimiento, vida, ministerio, muerte y resurrección. Sin embargo, Él no era lo que esperaba un pueblo ansioso de poder y una gloria política-económica pasada. Ellos querían a un revolucionario que los liberara de poderes extranjeros. Otros, como los grupos religiosos, querían a alguien que estableciera y afirmara el *statu quo* y el poder y control que ellos ejercían sobre el pueblo imponiendo leyes agregadas a la Palabra de Dios, a pesar de que la misma ley que ellos defendían lo prohibía (Deut. 4:2).

Finalmente, vemos en la tierra a un Salvador que nos limpió, y no solo liberó, de nuestros problemas físicos; no que vino para darnos dinero y felicidad, y quitarnos nada más nuestras enfermedades físicas, sino que vino para resolver el problema mayor del ser humano, que es su separación de Dios por el pecado. Entonces, vemos cómo Jesús se encarnó y vivió de una forma completamente humilde, siendo 100 % Dios y 100 % hombre.

Pero el mismo pueblo que lo seguía lo crucificó (Hech. 2:36-41). Y los seres humanos rechazamos una vez más a Dios, pero Él pagó el precio para que aquellos que pusieran su esperanza en Él —en quién era y en lo que había hecho— pudieran entonces venir a formar parte del verdadero pueblo de Dios, de la verdadera familia eterna de Dios a través de Cristo.

Cristo murió al tercer día, resucitó en poder, ascendió al cielo a preparar morada, pero no nos dejó solos a los que hemos puesto nuestra fe en Él, sino que envió al Espíritu Santo, quien ya no habitaría más en templos hechos por hombre (Hech. 17:24-28), sino en corazones humanos «de carne», de fe y esperanza en Cristo, en Su obra y Su persona.

17. DIOS HABITA EN TEMPLOS HUMANOS

Entonces, el Espíritu Santo desciende para habitar y transformar en poder. Aquellos que conocen a Dios y lo reconocen por fe reciben este regalo por la gracia de Cristo. Este grupo de personas, junto a todos los creyentes de la historia, se denomoina la iglesia. Dios es quien la levanta. Dios agrega cada día a aquellos que serán salvos. Dios da dones. Dios los envía en misión a todas las naciones, y hasta el día de hoy, estamos esperando la consumación de ese plan redentor que es la segunda venida de Cristo. Mientras tanto, ustedes y yo tenemos la misma misión: la misión de ir por todo el mundo y predicar el evangelio a toda criatura; de ir por todo el mundo a personas de todas las naciones, enseñándoles todas las cosas que Él nos ha mandado, desde Génesis hasta Apocalipsis.

18. SANTOS EN CRISTO Y LA IGLESIA

Las Epístolas y el libro de los Hechos contienen, junto con el resto de la Biblia, todo lo necesario para la vida y la piedad. Cristo siempre está edificando Su iglesia, el Consolador empodera, exhorta, corrige y da esperanza a través de toda la Escritura a Su pueblo. Los retos de la iglesia en ese tiempo no eran tan distantes de las luchas presentes del corazón humano. Estos retos apuntan a los creyentes a anhelar una restauración de todas las cosas *en Cristo,* y a no poner la esperanza en el poder o en cambios humanos. Hechos 1:8 declara: «Pero recibirán poder cuando el Espíritu Santo venga sobre ustedes; y serán Mis testigos en Jerusalén, en toda Judea y Samaria, y hasta los confines de la tierra». Tenemos ese poder para ser testigos hasta que Él venga. Tú y yo, como Su pueblo, somos parte de esta historia.

Esta panorámica nos reta a detenernos, pensar y profundizar. Sumérgete en la Escritura y descubre y experimenta la belleza, la vida y el alimento eterno que es Su Palabra. Ora estas palabras: «Señor, ayúdame a deleitarme en hacer tu voluntad. Dios mío, que tu ley esté dentro de mi corazón» (ver Sal. 40:8); «Que en la ley del Señor esté mi deleite, y en tu ley medite de día y de noche» (ver Sal. 1:2).

Ejercicio de aplicación

Hagamos un ejercicio de memorización. Escribe este versículo en una hoja varias veces y memorízalo: «Me deleitaré en Tus estatutos, y no olvidaré tu palabra» (Sal. 119:16).

Al final del libro, leeremos la secuencia de varios pasajes a través de toda la Biblia. En cada capítulo, quiero animarte a leer los pasajes completos y meditar en ellos. Lee Josué 21, Jueces 2, Rut 1, 1 Samuel 13, 2 Samuel 7, 1 Reyes 9, 2 Reyes 17, 1 Crónicas 29, 2 Crónicas 7, Esdras 9, Nehemías 6, Ester 4 y responde la siguiente pregunta:

¿Qué nos dice sobre Dios y Su carácter, y qué dice sobre el ser humano en…?

a. Josué 21:43-45

____

____

b. Jueces 2:10, 16-18

____

____

c. Rut 1:16-17

____

____

d. 1 Samuel 13:13-14

____

____

e. 2 Samuel 7:16-17

____

____

f. 1 Reyes 9:6-7

____

____

g. 2 Reyes 17:13-14

____

____

h. 1 Crónicas 29:11

____

____

i. 2 Crónicas 7:14

____

____

j. Esdras 9:9

____

____

k. Nehemías 6:15-16

____

____

l. Ester 4:14

____

____

3
Toda la Biblia es necesaria, útil y relevante

Palabras clave: útil, necesaria, toda la Escritura, revelación, pobreza bíblica, analfabetismo bíblico

Dios, habiendo hablado hace mucho tiempo, en muchas ocasiones y de muchas maneras a los padres por los profetas, en estos últimos días nos ha hablado por Su Hijo, a quien constituyó heredero de todas las cosas, por medio de quien hizo también el universo. Él es el resplandor de Su gloria y la expresión exacta de Su naturaleza, y sostiene todas las cosas por la palabra de Su poder. Después de llevar a cabo la purificación de los pecados, el Hijo se sentó a la diestra de la Majestad en las alturas, siendo mucho mejor que los ángeles, por cuanto ha heredado un nombre más excelente que ellos (Hebreos 1:1-4).

LA BIBLIA Y YO

En el año 2010, dediqué nueve meses a estudiar toda la Biblia, libro por libro. La Escuela de Estudios Bíblicos (School of Biblical Studies o SBS) en Taiwán, desarrollada originalmente por Ron y Judy Smith, tiene en mi opinión uno de los mejores programas de preparación bíblica que existe. El Instituto Reforma, con el cual sirvo en mi iglesia local, tiene mucho que agradecer a la SBS. El programa de entrenamiento bíblico y misionero iniciaba con la primera lectura de una sentada, sin interrupciones y en voz alta. Al finalizar, se leía cada libro un mínimo de cinco veces en grupo o de manera individual.

Sí, leer Génesis, Isaías y Jeremías me tomó un poco más de cuatro horas sentada, atenta a la voz de Dios audible a través de las palabras de la Biblia. Como dice Justin Peters: «Si quieres escuchar a Dios hablar, lee tu Biblia. Si quieres escucharlo en forma audible, léela en voz alta».[1]

Luego implementamos el método inductivo de manera muy minuciosa: debíamos hacer la estructura (para un ejemplo de mi trabajo original en inglés, ver apéndice 1 al final del libro). Teníamos clases de unas doce a quince horas a la semana acerca del libro o libros estudiados y luego unas cuarenta horas semanales de estudio personal. Fue un tiempo intenso de unas setenta horas semanales intensivas de exposición a las Escrituras. Unos de los mejores tiempos de mi vida.

El proceso también implicaba reuniones de grupos pequeños de discipulado y compartir aprendizajes, tiempos de intercesión, ministerio evangelístico y discipulado, tiempos para limpiar el salón de clases y el lugar donde vivíamos. Al final de esos nueve meses, habíamos leído cada libro de la Biblia cinco veces, habíamos orado, estudiado y yo, que soy bastante llorona, lloré en muchas ocasiones ante el poder, la realidad, el asombro, la profundidad, la instrucción y la corrección de la Palabra.

A pesar de que desde los nueve años había tenido una pasión por leer y estudiar la Biblia, me di cuenta de cuántas lagunas bíblicas de entendimiento de la historia arrastraba. Tal vez, como creyente, te identificas con esto. En mí, despertaron una pasión y misión renovadas de hacer discípulos enseñando *todo* lo que Cristo, el Logos desde el principio, había instruido. Todo lo que Él, el Alfa y la Omega, ha enseñado no está en algunos libros selectos o en las palabras en rojo, sino en *toda la Escritura*.

ESTUDIAR LA BIBLIA PARA APRENDER

Si conocemos mal a Dios, seremos malos testigos. Si conocemos a Dios de forma fragmentada —es decir, solo partes de cómo es Él, Su historia y Sus hechos—, lo daremos a conocer como una imagen fragmentada de un cuadro de arte, donde la imagen se ve más o menos

[1] Justin Peters, https://twitter.com/JustinPetersMin/status/863167957014163456

pero no de manera clara. Esto se revelará como grietas en un edificio cuando lleguen las crisis a nuestras vidas. Por esto necesitamos toda la Escritura.

Isaías 43:10 dice: «"Ustedes son Mis testigos", declara el Señor, "Y Mi siervo a quien he escogido, para que me conozcan y crean en Mí, y entiendan que Yo soy"». Esto enseña claramente el principio de que *la Biblia no se trata de nosotros; se trata de Dios y Su plan de reconciliación con Sus hijos a través de Cristo.* No quisiéramos representar mal a Dios por haberle malentendido. Jeremías 9:24 enseña: «"Pero si alguien se gloría, gloríese de esto: De que me entiende y me conoce, pues Yo soy el Señor que hago misericordia, derecho y justicia en la tierra, porque en estas cosas me complazco"», declara el Señor». Dios no solo quiere, sino que demanda ser conocido y entendido bien. Esta seguridad solo nos la da la Palabra; ni las emociones ni las experiencias, las cuales pueden ser muy subjetivas y circunstanciales, proveen seguridad de conocer bien a Dios tanto como Su Palabra.

Todos tenemos preguntas como: «¿Quién es Dios?», «¿Cómo es Dios?», «¿Qué ha hecho Dios?», «¿Qué hace o qué no hace a Dios lo que es?», «¿Cómo podemos ser conformados a la imagen de Cristo?», «¿Cuál es mi propósito?», «¿Cuál será el futuro de este mundo y el mío?». *Hemos leído una y otra vez las mismas partes y libros de la Biblia. Para conocer a Dios, nos vemos en la necesidad de aprender y en ocasiones, desaprender con un corazón humilde.* Por eso, quiero proveerte tres exhortaciones que te ayudarán a ver algunas creencias que impiden comúnmente entender la Palabra:

No le hables a la Biblia. Escúchala hablarte a ti. Siempre he luchado con el mal hábito de hablar mucho. Mis ideas fluyen rápido y, en muchas ocasiones, mis palabras fluyen con igual rapidez. Lamentablemente, eso se convierte en un hábito desagradable, pues con facilidad interrumpo las ideas de los demás y no pauso lo suficiente para escuchar. Desde niña he luchado con esto. La realidad es que, a pesar de escuchar, no escucho activamente. En mi mente, aunque mi boca esté cerrada, continúo pensando en lo que quiero decir. Además, la otra persona se siente desvalorizada. Esto no es una comunicación sino un monólogo.

Esto nos ocurre a muchos al acercarnos a la Biblia. Estamos hablándole a la Biblia en nuestra mente, buscando lo que queremos oír y no lo que la Biblia dice. Decimos querer escuchar a Dios, pero al final, queremos escucharnos a nosotros mismos. Con esto quedan revelados mi orgullo y egoísmo.

No necesitas innovar. Es muy común en algunos círculos cristianos buscar una «nueva revelación», cuando aún no hemos entendido lo que está escrito ni hemos leído entendiendo lo ya plasmado en la Biblia, lo que en toda la Escritura ha sido revelado. ¿Por qué se tomaría Dios 1500 años para revelarse y dejar Su Palabra infalible, las mismas palabras para todas las generaciones por venir? Si es el mismo Dios, ¿por qué necesitaría revelar algo nuevo de sí mismo? ¿Por qué necesitaría la humanidad algo distinto? El clímax de Su revelación es Cristo, el Hijo glorificado. Ya nos ha sido concedido y hoy, el Espíritu Santo vive en templos humanos, en las personas que son selladas por el Espíritu, y escribe Su ley en corazones de carne. Él ilumina lo que ya ha establecido y revelado en tiempos pasados. Eso nos lo enseña en Hebreos 1:1-4:

> Dios, habiendo hablado hace mucho tiempo, en muchas ocasiones y de muchas maneras a los padres por los profetas, en estos últimos días nos ha hablado por Su Hijo, a quien constituyó heredero de todas las cosas, por medio de quien hizo también el universo. Él es el resplandor de Su gloria y la expresión exacta de Su naturaleza, y sostiene todas las cosas por la palabra de Su poder. Después de llevar a cabo la purificación de los pecados, el Hijo se sentó a la diestra de la Majestad en las alturas, siendo mucho mejor que los ángeles, por cuanto ha heredado un nombre más excelente que ellos.

No es nueva revelación lo que necesitas; necesitas entender. El apóstol Juan, en la revelación que recibió y que tenemos como el libro de Apocalipsis en nuestra Biblia, cierra la revelación bíblica escrita. Y en esta carta escrita a la iglesia como audiencia, nos da una advertencia que no es una simple sugerencia. Piensa en esto por un momento. Juan dice, en Apocalipsis 22:18-19:

> Yo advierto a todo el que oye las palabras de la profecía de este libro: Si alguno añade a estas cosas, Dios le añadirá las plagas que están escritas

en este libro; y si alguno quita de las palabras del libro de esta profecía, Dios le quitará su parte del árbol de la vida y de la santa ciudad, de los cuales se ha escrito en este libro.

La Biblia no se trata de nosotros; se trata de Dios y Su plan de reconciliación con Sus hijos a través de Cristo.

ERRORES QUE NO NOS PERMITEN ENTENDER LA BIBLIA

Un detalle acerca de las películas que no deja de impresionarme es que, al verlas por segunda vez, he olvidado o confundido detalles. Me he dado cuenta de que, a veces, sobrestimo la capacidad de recordar esas películas. En algunos casos, he pasado por alto el significado del final o del principio o he entendido mejor sus partes. Mi esposo es todo lo contrario, las mira varias veces. Aun así, al verlas de nuevo, se percata de detalles que no vio en otras ocasiones.

Por algo similar, a veces no entendemos la Biblia. Creemos que hemos leído pasajes tantas veces que ya entendimos la historia y que no necesitamos releer. O tal vez llegamos a pensar que ya sabemos lo que necesitamos y queremos una revelación más cuando no hemos entendido correctamente la mayor parte de las Escrituras. ¡Cuántas veces sobrestimamos nuestra memoria de las historias bíblicas, pasajes bíblicos que hemos visto y leído una y otra vez! Dios nos ha dejado Su Palabra escrita para que al leerla *detenida y repetidamente,* entendamos cada vez más a un Dios cuya historia no tuvo principio, que ha existido eternamente, que es *infinito* en poder, señorío, control, bondad, justicia y santidad.

¿ANALFABETISMO Y POBREZA BÍBLICA?

En tiempos recientes, se han levantado voces de alarma en ámbitos locales, nacionales e internacionales para que la iglesia abrace su llamado como columna y baluarte de la verdad y corra ante la emergencia, la gran de necesidad de erradicar la pobreza bíblica. Muchos con optimismo y positivismo siguen diciendo y proclamando que todo está bien. Lamentablemente, tal como en tiempos de Jeremías, Ezequiel y los profetas, hoy día, algunos se autoproclaman y son socialmente reconocidos como «personas de Dios», pero hablan falsedad en cuanto a la necesidad de menos Biblia y más experiencia, menos Palabra de Dios y más palabra humana disfrazada de discurso poderoso, pero vacía del poder transformador del corazón, que solo viene de Dios. Estos guían cada día a muchos a morir de inanición bíblica. Nos enfocamos en números de profesiones de fe, en milagros, pero los verdaderos discípulos conocen a su Dios a través de Su Palabra y lo demuestran en obediencia a la misma. Dicho en palabras de Jesús: «Si alguien me ama, guardará Mi palabra» (Juan 14:23).

Otros han estado en anorexia espiritual y en déficit de Palabra por tanto tiempo que ya no reconocen cómo saciar el hambre, y sus hormonas del hambre ya no funcionan. Saben que sus vidas espirituales están estancadas, tratan de tener más fe, pero ¿más fe en qué? O ¿en quién... en una idea de Dios? ¿O en el Dios que se revela en la Biblia? No lo saben. Lo que tenemos es hambre de Su verdad, de Su Palabra. Ahora, la anorexia espiritual puede provenir también de consumir solo ciertos tipos de alimentos, a la vez que se excluyen otros.

¿BUENA PALABRA O FRUTOS VENENOSOS?

Retomando nuestras ilustraciones de películas, hay algunas sobre náufragos o personas perdidas en la naturaleza. En ambas, conocer la diferencia entre frutos de apariencia similar puede marcar la diferencia entre la vida y la muerte. No todos los champiñones son inofensivos y no todas las bayas silvestres son inofensivas, aunque se vean igualmente deliciosas. Lo mismo pasa con las enseñanzas de la Palabra. Muchas enseñanzas o personas pueden parecer inofensivas. Pero no conocer la Biblia correctamente no te permite discernir entre aquellas que son inofensivas, nutritivas o mortales. Por otro lado, no conocer toda la Escritura hará que cualquier versículo utilizado para apoyar ideas de una enseñanza —pero utilizado fuera de contexto— te haga pensar que está correctamente usado, cuando en realidad se ha distorsionado. Esto puede pasar por descuido, desconocimiento u orgullo al no reconocer que se está enseñando sin entender. En los peores casos, esto pasa cuando la persona que tiene una posición de poder manipula a los oyentes para que hagan lo que quiere. Es manipulación, y muchos han sido víctimas de este tipo de mal uso de las Escrituras. El mal llamado «evangelio de la prosperidad» es fruto de esto. Ha enriquecido a los que lo predican, mientras sus seguidores continúan tras falsas esperanzas dadas en nombre de Dios y de Su Palabra.

Todo ministerio cristiano y siervo de Cristo debe tener como centro la Palabra y la gloria de Dios como su meta. Debe tener un alto concepto de la Biblia y de cómo usarla. Respeta toda la Biblia por igual y no se enfoca en pocos libros o pasajes. Lamentablemente, la iglesia ha asumido posturas y motivaciones humanistas en sus iniciativas. Los creyentes verdaderos predican el evangelio y discipulan, y mi meta es que puedan tener las herramientas y el entendimiento bíblico doctrinal para sí mismos y aquellos a quienes ministran.

> Hemos leído una y otra vez las mismas partes y libros de la Biblia. Para conocer a Dios, nos vemos en la necesidad de aprender y en ocasiones, desaprender con un corazón humilde.

EL LLAMADO INDIVIDUAL Y CORPORATIVO A ALIMENTARNOS DE LA ESCRITURA

A mí no me gusta hacer ejercicio. Me resulta pesado todo el proceso. Pero es necesario para una salud integral. Evidentemente, hay ejercicios que, al hacerlos con alguien, puedes sostener el hábito por más tiempo. Si te pasa como a mí, esa caminata que te parecía aburrida ahora es un tiempo de conversación con alguien. O ese tiempo de gimnasio, o incluso hacer ejercicio en casa, adquiere otro sentido cuando encuentras una comunidad. Esto es particular en los ciclistas de montaña. Tal vez solos no se atreverían a cruzar ciertas rutas, pero con un grupo, llevan un ritmo juntos y cruzan áreas por donde no se lanzarían solos.

A pesar de todo, hay muchos creyentes hambrientos por conocer y entender la Palabra. Es un llamado indiscutible que el creyente debe tomar: alimentarse de la Palabra de Dios para tener vida, y vida espiritual sana. Esto se aplica a creyentes individuales y al cuerpo de Cristo. Aunque la manera de caminar juntos por el sendero de la Palabra varíe, cada creyente debe también guiar y asistir a otros en este proceso. Porque el discipulado separado de los mandamientos de Cristo, de las Escrituras, no es realmente discipulado (Mat. 28:18-20).

El proceso del crecimiento en la vida cristiana depende de la salud del cuerpo de Cristo, y la salud del cuerpo de Cristo depende de su alimentación, de la savia que fluye de la raíz al resto de la planta. Usando la ilustración de la vid, si el cuerpo —sus miembros, sus ramas— no permanece en la vid, no fluye el alimento. Tu salud espiritual depende de la calidad del alimento espiritual que recibes, y la Palabra es el nutriente esencial por el cual fluye la vida de Cristo a todo Su cuerpo.

LA DIFICULTAD DE ALGUNOS LIBROS

Hay ciertos libros que serán más retadores que otros, pero al estudiarlos en grupo, traerán claridad a tu mente, consuelo a tu corazón y ánimo en tu caminar. Tal vez lo que necesites es alguien con quien tomar tiempos de lectura, sobre todo de aquellos libros no tan populares. La literatura profética bíblica es un ejemplo.

Esto me recuerda la época navideña. Me encanta cocinar, pero reconozco que no es tan sencillo, especialmente cuando toca cocinar un pavo completo o un pernil. La Navidad pasada, la oficina nos dio la opción de regalarle al personal un pavo o un pernil de cerdo. No podíamos contener la risa de las historias al abrazar tan grande proyecto, para muchos por primera vez. Pero nos ayudó bastante compartir trucos, recetas y alguna que otra historia de fracaso. Sí, en una ocasión anterior, no sabía que los intestinos del pavo venían en una bolsita, y lo cociné con la bolsa plástica ¡hasta que el humo del horno dio voz de alerta! En otra ocasión, alguien que conozco no tomó tiempo suficiente o el proceso correcto para descongelar el pavo y, al intentar cortarlo, ¡era puro hielo en la pechuga, aunque por fuera estaba muy bonito!

Esto nos pasa con las Escrituras. La iglesia debe retomar su misión comunitaria de lectura y estudio. Es algo que veremos más adelante. No le tengas miedo ni evites los libros como Levítico, Números, Reyes y Crónicas, la literatura profética (Isaías no es el único libro de esta categoría), Romanos, Hebreos, Apocalipsis. Toda la Escritura es necesaria para una dieta cristiana saludable. En comunidad es más posible atravesar bien esos caminos que pueden parecer montañosos, pero que te permitirán disfrutar de un panorama completo de las Escrituras, deleitoso. Verás la coherencia, la gracia y la misericordia de Dios como nunca. Entenderás cómo Cristo está plasmado en todas las Escrituras y cómo todas ellas apuntan a Él.

LA UNIDAD DEL MENSAJE DE LA BIBLIA

Quiero compartirte unos gráficos que te ayuden a poner en perspectiva cómo toda la Biblia tiene un solo mensaje, a pesar de las diferencias de cada libro y de los tiempos. Ningún libro en el mundo se asemeja. ¿Has jugado a «Había una vez...»? Es un juego en donde cada persona en un grupo se inventa una línea de una historia. Luego el siguiente participante debe añadir otra y así ir construyendo sobre esa historia. Las historias resultan sumamente ridículas y extrañas. Tantos autores construyen espontáneamente una historia a partir de muchas y el resultado es una historia completamente ridícula y sin un hilo conductor. Intenta jugarlo con tu familia y ríanse juntos del resultado.

Una discontinuidad o preferencia entre el Antiguo y Nuevo Testamento afecta lo que entendemos de Dios, de la salvación, de Cristo, de la voluntad de Dios y de nosotras mismas. Pablo afirma: «La Escritura, previendo que Dios justificaría a los gentiles por la fe, anunció de antemano las buenas nuevas a Abraham, diciendo: «En ti serán benditas todas las naciones» (Gál. 3:8). La redención de todas las cosas y la salvación por fe son temas esenciales que atraviesan todas las Escrituras.

¿QUÉ DEBES SABER DE TODA LA BIBLIA?

Primero, confía en la obra del Espíritu Santo. El Espíritu Santo inspiró cada palabra de las Escrituras: «Toda Escritura es inspirada por

Dios y útil para enseñar, para reprender, para corregir, para instruir en justicia, a fin de que el hombre de Dios sea perfecto, equipado para toda buena obra» (2 Tim. 3:16-17). «Toda la Escritura» se refiere a todos los libros de la Biblia.

Toda la Biblia son hechos de la vida real. El Salmo 145:17 dice: «Justo es el Señor en todos Sus caminos, y bondadoso en todos Sus hechos». La Biblia es una sola historia unificada. Es la historia de lo que Dios ha hecho. Adán, la tierra de Sinar, Babel o Babilonia, Noé, Sara, Agar, Ismael, Jericó, Senaquerib, Nabucodonosor, Mardoqueo, Nínive, Persia, Ciro, Jeremías, Daniel, Jesús, Santiago, Judas, la destrucción de dos templos... todos fueron personajes, lugares y eventos históricos reales, con hallazgos arqueológicos que preservamos en museos hoy que dan fe de su historicidad. Estos ocurrieron, afectaron, representaron sufrimiento real a personas reales de carne y hueso, personajes históricos que tal vez escuchaste en alguna clase del colegio. En la Biblia encontramos una perspectiva de Aquel que ha sido testigo y que juzga cada evento. Una perspectiva en la que vemos al personaje principal que orquestaba y controlaba los eventos y que juzga los hechos de las personas involucradas de acuerdo con un estándar establecido por Él y que lo representa bien: Dios bueno, misericordioso, bondadoso, sabio y justo.

¿POR QUÉ LEER TODOS LOS LIBROS Y NO SOLO LOS QUE TIENEN LAS «PALABRAS DE JESÚS»?

Esta es una pregunta común. De hecho, algunos sostienen que solo ciertos libros de la Biblia son válidos hoy. Según 2 Timoteo 3:16, toda la Biblia es válida y útil para la vida cristiana. Es aplicable, aunque no necesariamente de forma literal, sino que es necesario tener en cuenta el contexto. Esto lo explicaremos más en el capítulo sobre el contexto.

El género literario se refiere a las características literarias de un libro completo, que comparte un conjunto de libros. Es un tipo de literatura que posee características comunes de composición, lenguaje, forma y estructura literaria. Dentro de los géneros, tenemos subgéneros o tipos y formas menores: por ejemplo, los libros del género profético tienen prosa, narrativa, discursos, lamentos poéticos, oraciones, profecías futuras, oráculos, etc. Levítico está escrito en un formato similar al de leyes ugaríticas y de la región de Canaán y otros reinos de la época. La forma de estas leyes era muy familiar para estas personas. Es similar a leer un contrato de banco o seguro médico; cada país y región tiene sus formatos que son familiares para las personas que lo leen.

Tratar de entender la Biblia a primera vista es como pasear en un carro y disfrutar del paisaje sin detenerte a acampar, dormir en la naturaleza y llegar a ver detalles cercanos: los insectos y las mariposas, las infinitas formas, colores y especies de flores, árboles, y aves. Estudiar la Biblia es como detenerte a tomar agua fresca de un río o incluso darte un chapuzón. Esto es lo que estudiar la Biblia te permite hacer.

En las crisis se revela cómo canalizamos nuestras emociones, se revela lo que realmente pensamos de la vida, de Dios y de nosotras mismas. ¿Qué significa lo que afirmamos acerca de cómo es Dios? Por tanto, no podemos confiar en nuestro entendimiento. Necesito apoyarme en el principio de que solo Dios puede definir el significado de Sus propias palabras.

Cuando luchamos con buscarnos a nosotras mismas en el centro del estudio bíblico, eso significa que realmente no estamos buscando a Dios, sino en realidad a nosotras. Nadie va a una película de los Vengadores, por ejemplo, y espera verse a sí mismo como personaje principal. Esto no nos permite profundizar. Nos estamos preparando para decepcionarnos cuando en muchos pasajes no nos encontramos, porque estos revelan algo acerca de Dios y no hablan de nosotras. En mi libro *Doctrina para todas*[2], también enfatizo estos principios:

Estudiamos la Biblia para *conocer a una persona*. Al leer Salmos 22–24, nos damos cuenta de que el enfoque de estos salmos es el Mesías, Cristo, Su obra, muerte, resurrección y glorificación. Cuando leemos el Salmo 23 entendiendo quién es el punto central de los Salmos 22 y 24, nos damos cuenta del costo, el sacrificio y la obra de Cristo como la base y garantía de todo lo que el Salmo 23 presenta.

[2] Jeanine Martínez, *Doctrina para todas* (Nashville, TN: B&H, 2022), capítulo 7: Bibliología.

Estudiamos para la *transformación.* Debemos reconocer que, en la crucifixión, Dios Padre sostuvo al Hijo y nosotras de igual forma somos sostenidas y pastoreadas por el gran Pastor de las ovejas.

Estudiamos para *profundizar.* Nos negamos a conocer superficialmente a Dios, el protagonista de la Biblia. Dios es infinitamente profundo. Somos llamadas a esta profundidad que enciende pasión por ese Dios en nuestros corazones.

Leamos juntas y te daré algunas aclaraciones, como si mi voz te guiara en la lectura. Presentaré estas aclaraciones entre corchetes. En 2 Pedro 1:2 (NTV) dice: «Que Dios les dé cada vez más gracia y paz a medida que crecen en el conocimiento de Dios y de Jesús nuestro Señor. Mediante Su divino poder...» [el poder de Dios en la persona del Espíritu Santo habilita y capacita al creyente para vivir].

Recuerda: Dios es todopoderoso. Nos ha dado todo para vivir en rectitud y lo recibimos cuando conocemos a Dios tal y como Él es. El versículo 3 continúa diciendo que, «por medio de su maravillosa gloria y excelencia», nos ha dado grandes y preciosas promesas. Ya las promesas han sido cumplidas y el propósito de toda promesa de Dios es que el creyente sea como Él es: incorruptible y santo, que es la naturaleza divina («sean santos, porque yo soy santo», le había dicho Pedro a su audiencia en su primera carta, 1 Ped. 1:15-16).

Continuemos con los versículos 5-9: «*En vista de todo esto, esfuércense al máximo por responder a las promesas* de Dios complementando su fe con una abundante provisión de excelencia moral; la excelencia moral, con conocimiento; el conocimiento, con control propio; el control propio, con perseverancia; la perseverancia, con sumisión a Dios; la sumisión a Dios, con afecto fraternal, y el afecto fraternal, con amor por todos. [Esta no es una lista exhaustiva, es una lista lógica: conocer la palabra de Dios hace que un verdadero conocimiento de Dios sea inseparable de una manera moral y piadosa de vivir. Aunque algunos viven de manera moral separados de Dios, es imposible agradarle sin un corazón donde esa excelencia esté basada en una fe en Él y no en uno mismo o en el propio esfuerzo o autojustificación]. Cuanto más crezcan de esta manera, más productivos y útiles serán en el conocimiento de nuestro Señor Jesucristo; pero los que no llegan a desarrollarse de esta forma son cortos de vista o ciegos y olvidan que fueron limpiados de sus pecados pasados» (énfasis añadido). Esto es un llamado de atención porque, según el autor, es posible vivir como si se conociera a Dios sin honrarlo, u honrarlo sin un corazón que realmente lo ame.

Como aplicación, detente y piensa: ¿Estás esforzándote en vivir una vida moral, basado en tu esfuerzo y tus méritos y no descansando y confiando en Cristo y Su obra? ¿Te glorías de tu moralidad? ¿Te glorías de conocer a Dios? Necesitas rendirte de una vida independiente del poder salvador y sustentador del Espíritu Santo; Él se glorifica. En 2 Pedro 1:8-9, leemos:

> *Cuanto más crezcan* de esta manera, [ningún creyente a través de la historia bíblica ha sido dejado sin fruto] más productivos y útiles serán en el conocimiento de nuestro Señor Jesucristo; [es la expectativa de Dios que el crecimiento en profundidad de cada creyente no sea una opción sino una consecuencia natural] *pero los que no llegan a desarrollarse de esta forma* son cortos de vista o ciegos y olvidan que fueron limpiados de sus pecados pasados. [Este crecimiento y productividad dependen de la profundidad progresiva en el conocimiento de Dios, que lleva a la acción].

Dios nos acompaña en la persona del Espíritu Santo, quien es tu guía a toda verdad, a lo profundo de este conocimiento.

A continuación, presentaré tres puntos: un problema y dos afirmaciones que le explicaría a alguien que haga la pregunta: «¿Por qué confiar en la Biblia?». Esta pregunta nos enfoca en la aceptación de la Biblia como *fidedigna* y *suficiente* para la vida cristiana:

Un problema: El desconocimiento de la naturaleza de la Biblia

Probablemente, hayas escuchado algo como: «La Biblia no es relevante para hoy. Es un libro antiguo escrito por hombres». Esta afirmación se ve comúnmente en una contradicción entre la teoría y la aplicación. Sin estas, el ser humano está a merced de opiniones e inferencias que no representan un fundamento sólido que soporte la prueba del tiempo, las épocas y los cambios ideológicos, culturales y sociales que la Biblia ha comprobado y superado. Dios no es cultural, y el ser humano necesita la autorrevelación de Dios.

La Biblia es el texto sagrado más antiguo. Es el libro más escrutinizado en la historia de la humanidad. Ningún escrito clásico o histórico contiene siquiera una parte de las pruebas arqueológicas, históricas y testimoniales, acerca de su veracidad. La invariabilidad mínima en su transferencia entre manuscritos de generación en generación, a diferencia de otros libros, va en crecimiento. Es decir, a medida que el tiempo pasa, como en el caso del descubrimiento de los documentos del mar Rojo, aumentan las pruebas de su fidelidad en la transmisión. Todos estos aspectos son asombrosos individualmente, pero que todos converjan en el caso de la Biblia solo confirma lo sobrenatural de su existencia. La Biblia es sobrenatural.

Las Escrituras son más que simples listados de moralidad o sugerencias. El ser humano necesita verdad para el fundamento de su identidad, vida, sociedades y gobierno. Una búsqueda rápida en internet de la pregunta: «¿Puede el cristianismo existir sin la Biblia?» nos provee un panorama de la creencia de muchos que se identifican como creyentes e incluso teólogos: creen que el cristianismo sin la Biblia puede existir y continuar. Sin embargo, esto depende de lo que se cree que es la naturaleza de las Escrituras. Un creyente verdadero no puede llegar a otra conclusión que no sea: *la Biblia es la Palabra de Dios.*

Antes que nada, recomendamos hacer preguntas aclaratorias antes de aconsejar, tratar de entender de dónde provienen y cuáles son las dudas que nuestro interlocutor tiene. Hablemos a las ideas de esta persona sin atacar a la persona. En estos casos, es bueno preguntar: ¿se duda de las Escrituras por cómo las obtuvimos, por su preservación, por su relevancia para el mundo moderno, por su naturaleza, autoridad y suficiencia, o por la existencia de traducciones? De acuerdo a cada parte, podemos ir poco a poco aclarando las dudas, siempre confiando en el poder del Espíritu Santo para cambiar mentes y corazones, y nosotros hablar con gracia y no con enojo y frustración para poder ganar para Cristo a nuestros oyentes. No te preocupes por ganar la discusión. Preocúpate por hablar la verdad con gracia y déjale el resto al Señor. Afírmate en la verdad e infórmate y conoce la naturaleza de las Escrituras.

Dios nos acompaña en la persona del Espíritu Santo, quien es tu guía a toda verdad, a lo profundo de este conocimiento.

EXHORTACIONES SOBRE LA CONFIABILIDAD Y LA RELEVANCIA DE LA ESCRITURA

La Biblia como la autorrevelación de Dios. Debemos presentar la Biblia como las palabras de Dios, Su autorrevelación, es decir no es un medio indirecto de conocer a Dios como si alguien más lo presentara a nosotros, sino como Dios mismo diciendo: «Este soy yo». La Biblia no es la interpretación de Dios que tuvieron los autores humanos, sino las palabras de Dios reveladas a humanos inspirados por Él. Tampoco es las interpretaciones personales modernas de quién y cómo es Dios. Tampoco el propósito es buscar cosas escondidas acerca de Dios sino ver todo lo que Él ya ha revelado (Deut. 29:29). El rol de la Biblia es revelar a una Persona, no solo Su voluntad sino quién es Él y, al mismo tiempo, suscitar una búsqueda racional que informe y aumente la fe. No buscamos solamente el conocimiento mental, sino una respuesta gozosa y voluntaria a la autoridad de las Escrituras para toda la vida y la piedad (2 Ped. 1:3-4).

La Biblia es la autorrevelación de Dios. Conocer a Dios solo sobre la base de la percepción personal del individuo, las ideas sociales autogeneradas o las referencias de otras personas nos da un conocimiento particular y limitado.

El escrutinio de la Biblia y la prueba pragmática. Ningún libro ha recibido más escrutinio que la Biblia, tanto de creyentes como de no creyentes a través de la historia, y la conclusión es la misma. El texto antiguo mejor preservado, más ampliamente vendido, distribuido y relevante es la Biblia. La Biblia ha precedido disciplinas científicas y aun así, diversas disciplinas con el paso del tiempo solo confirman lo que la Biblia afirmó primero. La astronomía, la biología, la anatomía, la medicina y la arqueología, entre otras disciplinas modernas y antiguas, que en ocasiones contradecían o cuestionaban la Biblia, cada vez más confirman las verdades reveladas por el Dios creador y sustentador de este mundo, del universo, del ser humano y de todo lo que existe. Según John Frame, Dios mismo se identifica con el atributo de verdad (Juan 14:6, 1 Jn. 5:6) y por esta razón, la verdad de Dios debe ser proposicional.[3] Su Palabra ha sido escudriñada y desde los inicios del liberalismo se ha colocado el pensamiento humano por encima de la autoridad de la probada Palabra de Dios.

Vidas transformadas y sostenidas a través de tiempos tumultuosos, líderes políticos mundiales como Abraham Lincoln, Winston Churchill, etc. Toda la civilización occidental contemporánea tuvo su fundamento en la ley bíblica, incluidos la ética de trabajo, los sistemas de justicia, etc. Todos estos dan testimonio de la relevancia de la Biblia en cada época. El Espíritu Santo que la inspiró es el mismo Espíritu que actúa transformando y afirmando Su poder en cada ambito de la vida. No puede haber contradicción divina entre lo que el Espíritu ha dicho en Sus palabras a través de Su revelación especial y lo que actúa, hace y cómo dirige a Sus hijos. Una creencia de que la Biblia es menos que inerrante, infalible y el único medio inequívoco para conocer a Dios tal como es tiene como consecuencia una fe incompleta, una iglesia sin poder, y una sociedad confundida y anárquica.

Te animo a que, sin importar cuánto tiempo de cristiana tengas, profundices en tu conocimiento acerca de la Biblia, que es suficiente para todo lo que el ser humano necesita para su florecimiento práctico, social, emocional y espiritual. La verdad bíblica no es revelación complementaria, sino el fundamento sólido del creyente y de la iglesia.

¿Cómo enfrentar la situación actual?

Nuestra generación vive en confusión. No hay claridad para tomar decisiones y mucho menos para vivir una vida piadosa. Kellen y Forrey, en su libro *Scripture and Counseling* [La Escritura y la consejería], dicen: «El pueblo de Dios debe obtener sus órdenes de marcha de la Palabra de Dios. La iglesia de Dios está marcada por la verdad, el poder

---

[3] John Frame, *Systematic Theology: God.* (Phillipsburg, NJ: P&R Publishing, 2013), p. 306.

y el mensaje del evangelio como el centro del ministerio de consejería».[4] Hay confusión teológica sin el poder del evangelio, y marcada por el pragmatismo.

Filósofos y teólogos, tanto cristianos como seculares, están de acuerdo en que gran parte de esto puede atribuirse al relativismo e individualismo de la sociedad actual. Como iglesia de Cristo, empezando por cada una de nosotras como hijas de Dios, necesitamos erradicar la pobreza bíblica en la iglesia latinoamericana. Esto fortalecerá a una iglesia centrada en el evangelio y no en el emocionalismo ni en una contradicción moral del liderazgo latinoamericano. La Biblia debe volver al centro no solo de la predicación sino de la vida y del pensamiento profundo de todo creyente y liderazgo eclesiástico.

Y todo esto es lo que nosotros necesitamos, como dice 2 Timoteo 3:16-17: «Toda Escritura es inspirada por Dios y útil para enseñar, para reprender, para corregir, para instruir en justicia, a fin de que el hombre de Dios sea perfecto, equipado para toda buena obra».

---

[4] Bob Kellemen y James Forrey, *Scripture and Counseling* (Grand Rapids, MI: Zondervan, 2014), p. 2.

Ejercicio de aplicación

Hagamos un ejercicio de memorización. Escribe este versículo en una hoja varias veces y memorízalo: «En estos últimos días nos ha hablado por Su Hijo, a quien constituyó heredero de todas las cosas, por medio de quien hizo también el universo. Él es el resplandor de Su gloria y la expresión exacta de Su naturaleza, y sostiene todas las cosas por la palabra de Su poder. Después de llevar a cabo la purificación de los pecados, el Hijo se sentó a la diestra de la Majestad en las alturas» (Heb. 1:2-3).

Al final del libro, leeremos la secuencia de varios pasajes a través de toda la Biblia. En cada capítulo, quiero animarte a leer los pasajes completos y meditar en ellos. Lee Job 42, Salmos 150, Proverbios 3, Eclesiastés 12, Cantares 8 y responde la siguiente pregunta:

¿Qué nos dice sobre Dios y Su carácter, y qué dice sobre el ser humano en…?

a. Job 42:5-6

____

____

b. Salmos 150:6

____

____

c. Proverbios 3:3-5

____

____

d. Eclesiastés 12:13-14

____

____

e. Cantares 8:6-7

____

____

4
Principios para entender la Biblia correctamente

palabras clave: correctamente, aprobado, útil, renovación

Procura con *diligencia* presentarte a Dios *aprobado, como obrero* que no tiene de qué *avergonzarse*, que maneja con *precisión* la palabra de verdad (2 Timoteo 2:15, énfasis añadido).

«¿Entiendes?». Esa es la pregunta que en muchas ocasiones nos hacen nuestros padres luego de darnos ciertas instrucciones para verificar si en realidad entendimos. Generalmente, recurren a varias técnicas. La primera es preguntarnos nuevamente y, si nuestra respuesta revela duda, nos lo repiten. La segunda es decirnos: «Repíteme lo que te acabo de decir». El no poder repetirlo revela que tan vez oímos, pero no entendimos. Así que la verdadera forma de ver si entendimos se revela cuando realmente seguimos sus instrucciones. Frecuentemente, esto pasa con muchas de nosotras al leer la Biblia. Algunas nos preguntamos por qué algunas preguntas, mandatos y temas parecen repetirse en la Biblia. Dios sabe que el ser humano tiende a olvidar las cosas importantes y que, como con cualquier niño, es solo a través de la repetición que podemos recordarlas.

Por otro lado, a veces necesitamos repetir a otros lo que se nos ha instruido o dicho. Poder articularlo en nuestras propias palabras ayuda. Esta es una manera en la cual constantemente verifico si mis estudiantes de Biblia están entendiendo. Les pido tomar una porción bíblica —y a veces, todo un libro de la Biblia— y resumir en pocas palabras u oraciones el contenido de lo que acaban de leer. No es una interpretación de lo que leyeron o lo que creen que significa. Lo que les pido es un resumen sencillo de lo que acaban de leer. Parecería algo fácil, pero en mi experiencia, la mayoría no sabe cómo hacerlo. Es más difícil de lo que parece, porque entender requiere pensar y procesar lo que acabamos de leer, y decirlo de manera concisa.

Por ejemplo, si les digo «Romanos 8», ¿cómo lo resumirían? Algunas diríamos: «nada nos separará del amor de Dios». Pero esto solo nos da una idea vaga de lo que el capítulo busca comunicar realmente. La realidad es que el capítulo habla más de lo que Dios hace que de lo que nosotras somos o experimentamos. El capítulo habla de la soberanía de Dios en la salvación. Inicia con todo lo que Él es como Dios creador, el Dios que elige antes de que el ser humano intervenga en todo lo que el capítulo describe. Así que una forma más clara —con Dios en el centro y no nosotros— de resumir este capítulo sería: la soberanía de Dios en toda la salvación. Esto considerando que la salvación no es solo la conversión del cristiano sino que, como el capítulo mismo lo describe, representa todos los beneficios y consecuencias de que Dios salve a pecadores, incluidas su santificación, seguridad eterna y justificación en Cristo. No es solo la entrada al cielo; implica todo el camino hermoso de vida abundante, adopción y pertenencia en Cristo Jesús. Por eso, cuando queremos leer para entender, el proceso de lectura no debe ser para hacer una marca de verificación, sino para que nuestra mente sea transformada en la verdad y por la verdad, llevándonos a la verdad claramente explicada en el texto.

DIOS COMO EL PROTAGONISTA Y EL CENTRO DE LA NARRATIVA BÍBLICA

En Lucas 8:9-10, leemos: «Sus discípulos le preguntaban qué quería decir esta parábola, y Él respondió: "A ustedes *se les ha concedido conocer los misterios del reino de Dios,* pero *a los demás* les hablo en parábolas, para que, viendo, no vean; y oyendo, no entiendan"» (énfasis añadido).

LA PALABRA ESCRITA: INFALIBLE, INERRANTE Y CONSTANTE

La Biblia es la verdad absoluta. El pensamiento humano sin límites es utópico, ya que nadie es completamente objetivo y libre de sus propias presuposiciones. Por tanto, la verdad, y la verdad en la cual se fundamenta toda la vida, las decisiones, las acciones y los afectos no puede ser relativa y personal, ni su procedencia puede ser de un solo ser humano finito. Dios inspiró a más de cuarenta autores durante aproximadamente 1500 años desde su escritura, en tres continentes y por lo menos tres idiomas distintos: hebreo, arameo y griego. Aun así, la coherencia y cohesión del mensaje de la revelación de Dios, Su carácter, atributos y acciones son inigualables, lógicos y confiables. Esto apunta a un diseño, inspiración y preservación sobrenaturales.

La Biblia es clara, inerrante, infalible y por tanto con autoridad en todo aspecto de enseñanza y aplicación. La palabra de un líder, pastor o apóstol terrenal no está por encima de la Biblia. El mismo apóstol Pablo advirtió a los gálatas, quienes se habían desviado: «Pero si aun nosotros, o un ángel del cielo, les anunciara otro evangelio contrario al que recibieron, sea anatema. Como hemos dicho antes, también repito ahora: Si alguien les anuncia un evangelio contrario al que recibieron, sea anatema. Porque ¿busco ahora el favor de los hombres o el de Dios? ¿O me esfuerzo por agradar a los hombres? Si yo todavía estuviera tratando de agradar a los hombres, no sería siervo de Cristo (Gál. 1:8-9).

Dios, en Su soberanía, decidió dejar Sus palabras escritas en forma de libro. La Biblia es literatura; es un libro. Sus más de cuarenta autores fueron personas reales, pero inspiradas completamente por Dios, y hablaron no solo acerca de Él sino directamente de parte de Él. Nadie puede hablar de parte de Dios con la misma autoridad infalible con la cual se escribió la Biblia. Ninguna palabra hablada puede ser considerada parte de la Escritura; así lo dice el epílogo, los últimos versículos del último libro de la Biblia inspirado por Dios. También el apóstol Pedro lo advierte de esta manera:

> Consideren la paciencia de nuestro Señor como salvación, tal como les escribió también nuestro amado hermano Pablo, según la sabiduría que le fue dada. Asimismo en todas sus cartas habla en ellas de esto; en las cuales hay algunas cosas difíciles de entender, que los ignorantes e inestables tuercen, como también tuercen el resto de las Escrituras, para su propia perdición (2 Ped. 3:15-16).

¿Por qué no detiene Dios a los que lo representan mal o enseñan mal Su Palabra? Se me ocurren dos razones importantes. Como dice Pedro, la primera es darles tiempo para que se arrepientan. Pero también pienso que tiene que ver con revelar la debilidad de los oyentes. Los falsos maestros, profetas y apóstoles existen porque tienen seguidores. Tanto los que predican y enseñan falsedades como los que los oyen y los siguen necesitan arrepentirse. El apóstol no habla solo de aquellos que lo hacen por ganancias o dinero (Prov. 21:6; Jer. 22:13; Hab. 2:9; Miq. 3:11; 1 Tim. 6:10).

El anciano apóstol y pastor de Éfeso, Juan, aunque era conocido por su amor, no negó nunca por amor la verdad y las advertencias a los que osan entretener, recibir en sus casas y buscar las enseñanzas de ese tipo de personas. 2 Juan 1:8-11,

> Tengan ustedes cuidado para que no pierdan lo que hemos logrado, sino que reciban abundante recompensa. Todo el que se desvía y no permanece en la enseñanza de Cristo, no tiene a Dios. El que permanece en la enseñanza tiene tanto al Padre como al Hijo. Si alguien viene a ustedes y no trae esta enseñanza, no lo reciban en casa, ni lo saluden, pues el que lo saluda participa en sus malas obras (2 Jn. 8-11).

Este es un asunto serio. Dios no toma a la ligera que se hable mal en nombre de Cristo. Pero tampoco deja sin culpa a aquellos que los siguen. Examina a las personas, los predicadores e incluso los influenciadores en redes sociales que proveen gran parte de tu dieta cristiana. ¿Qué tan fieles a la Palabra son? ¿Cuál es su testimonio de vida? ¿Viven vidas de riqueza, vanidad, gritería y pleitos? Toma un tiempo para orar y pídele al Espíritu Santo que abra tu mente para ver y discernir a quiénes debes dejar de ver, seguir, escuchar y en qué enseñanzas deberías buscar más la verdad de Cristo. ¡Ten cuidado! Y si es necesario, arrepiéntete.

En Lucas 8, Jesús establece dos grupos distintos de personas: un grupo a quienes por gracia se les ha concedido entender, y otro grupo al cual no. Este es el significado de Su ilustración; en el versículo 11, la parábola es esta: la semilla es la Palabra de Dios.

- Un grupo: «Aquellos a lo largo del camino son los que han oído [la palabra hablada por Dios], pero después viene el diablo y arrebata la palabra de sus corazones, para que no crean y se salven» (v. 12).
- Otro grupo: «Aquellos sobre la roca son los que, cuando oyen, reciben la palabra con gozo; pero no tienen raíz profunda;

creen por algún tiempo, y en el momento de la tentación sucumben» (v. 13).
- Aquellos en donde: «La semilla que cayó entre los espinos, son los que han oído, y al continuar su camino son ahogados por las preocupaciones, las riquezas y los placeres de la vida, y su fruto no madura» (v. 14).
- Pero el último grupo, el que anhelamos ser, es aquel donde: «la semilla en la tierra buena, son los que han oído la palabra con corazón recto y bueno, y la retienen, y dan fruto con su perseverancia [...] Por tanto, tengan cuidado de cómo oyen; porque al que tiene, más le será dado; y al que no tiene, aun lo que cree que tiene se le quitará» (vv. 15, 18).

Una predisposición común de muchos lectores bíblicos es el miedo a que no entenderán la Biblia porque es complicada. También están las presuposiciones, que son como lentes con color que asignan un «color» o mensaje que no es el que dice sino el que veo, y que por siempre lo he creído o leído así. Por otro lado, están la deducción o llegar a tus conclusiones personales aparte de lo que quiere decir Dios, la desconfianza, el orgullo y el misticismo (a veces llamado el «significado espiritual», cuando mezclamos pensamientos populares y creemos que la Biblia defiende esto). Estas cosas no nos permiten entender la Biblia. El Espíritu Santo inspiró la Biblia y el significado no puede contradecir la razón y la lógica del que la inspiró, reveladas en el resto del texto.

EJERCÍTATE CONMIGO

Colosenses 1:9-10 nos presenta una inseparable *conexión* entre el *entendimiento* —es decir el *conocimiento*— y la *aplicación* que implica la *acción*:

> Así que, desde que supimos de ustedes, no dejamos de tenerlos presentes en nuestras oraciones. Le pedimos a Dios que les dé pleno conocimiento de su voluntad y que les conceda sabiduría y comprensión espiritual. Entonces la forma en que vivan siempre honrará y agradará al Señor, y sus vidas producirán toda clase de buenos frutos. Mientras tanto, *irán creciendo a medida que aprendan a conocer a Dios más y más* (NTV, énfasis añadido).

El proceso de conocer implica un proceso de desconocer. Cada vez que entendemos algo en la Biblia, probablemente nos damos cuenta de algo que no sabíamos, sabíamos parcialmente o sabíamos mal, es decir, algo que necesitamos dejar de creer para abrazar la verdad bíblica que estamos leyendo.

El siguiente gráfico te muestra las tres categorías en las que podría encontrarse tu conocimiento bíblico.

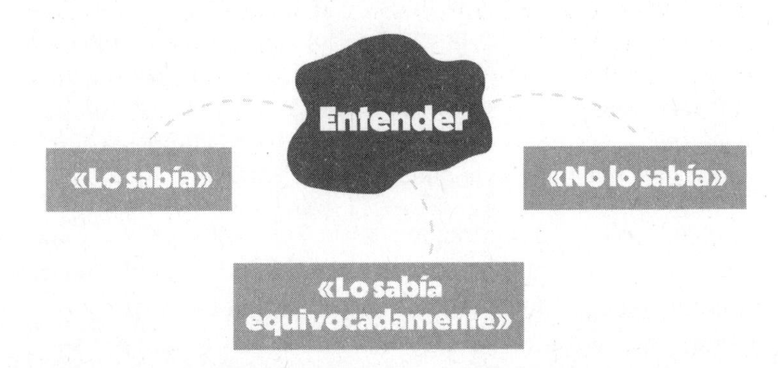

¡Este es un gran reto! A nadie le gusta estar equivocado o parecer ignorante. Pero la naturaleza misma de la Biblia nos promete que ella nos transforma; la verdad transforma. Hay que renunciar a cosas que abrazamos como verdades que tal vez escuchamos de un hermano mayor en la fe o de algún líder, pero que al ver y estudiar la Biblia, nos damos cuenta de que tal vez no son así.

Esta es la responsabilidad que viene con el privilegio de tener una relación personal con Dios. Nadie puede alimentarse de lo que comen otros. Un niño necesita alimentarse con lo que sus padres quieren darle de comer y consideran mejor para él. Algunos padres no saben mucho de nutrición y no siempre hacen el mejor trabajo, aunque con las mejores intenciones. Sin embargo, un adulto tiene la responsabilidad de informarse y cuidar de su salud personal. Por tanto, como creyente, es tu responsabilidad buscar y hacer todo lo posible por leer la Biblia bien y alimentarte, porque tu salud y vitalidad espiritual dependen de esto.

Tu relación con Dios no puede vivirse a través de las experiencias de terceros. Tu experiencia tampoco puede ser lo que informa o interpreta lo que la Biblia dice. Es al revés; lo que la Biblia enseña debe formar, transformar o informar tu experiencia. Necesitas un encuentro directo con Dios y la forma más segura y precisa es Su Palabra. En Isaías 57:14-18, Dios dice:

> «¡Reconstruyan el camino! Quiten las rocas y las piedras del camino para que mi pueblo pueda volver del cautiverio». El Alto y Majestuoso que vive en la eternidad, el Santo, dice: «Yo vivo en el lugar alto y santo con los de espíritu arrepentido y humilde. Restauro el espíritu destrozado del humilde y reavivo el valor de los que tienen un corazón arrepentido. Pues no pelearé contra ustedes para siempre; no estaré siempre enojado. Si lo estuviera, moriría toda la gente, sí, todas las almas que he creado. Estaba enojado, así que castigué a este pueblo tan avaro. Me aparté de ellos, pero continuaron por su propio terco camino. He visto lo que hacen, ¡pero aun así, los sanaré y los guiaré! Consolaré a los que se lamentan» (NTV).

Un discípulo es un estudiante o aprendiz. La palabra «aprendiz» toma un sentido práctico de hacer, y no solo de una actividad mental. Somos primeramente discípulos de Cristo, y al *estudiar* la Palabra, venimos con la humildad de un discípulo a aprender para entonces poder enseñar a otros.

Permíteme compartirte un ejemplo. Santiago 1:22 nos dice que debemos ser hacedores y no tan solo oidores de la Palabra, para que produzca fruto. Sin embargo, la Palabra tampoco produce fruto cuando buscamos que se adapte a nuestra vida. Esto es cuando buscamos que la Palabra justifique, apoye y afirme nuestra vida aun en ámbitos contrarias a lo que Dios ha revelado. ¿No te ha pasado que encuentras personas que se presentan como expertas en ciertos versículos que les convienen, pero evitan aquellos que colisionan con lo que quieren, anhelan, y creen? En algún momento, todos lo hemos hecho.

Hasta que no tenga una actitud de salirme del centro de la Biblia y escuchar lo que Dios está diciendo y no lo que yo quiero escucharlo decir, no podré ser libre para que Su verdad produzca esa libertad prometida. ¿Anhelas esa libertad? Te invito a salir del centro, a renunciar al yo y a poner a Dios como el principal protagonista y expositor en la Biblia. Colócate en la posición de una humilde escucha, dispuesta a vivir y adaptar tu vida a lo que la Biblia te informa para tu transformación de mente, corazón y acción.

GÉNEROS, SUBGÉNEROS Y TIPOS

El género de un texto es determinado por las características que comparte en cuanto a estilo de escritura, estructura, figuras del lenguaje, presentación (forma) y propósito del contenido (fondo). Entonces, para entender bien, nuestra lectura debe ser *comprensiva*, al leer detenidamente y entender la *literatura* de lo que estás leyendo. Un poema no tiene el mismo sentido que una lista de mandatos. Pregúntate: ¿esto es una narrativa histórica, una narración de lo que pasó? ¿Es una ilustración o representación de algo más? ¿Estoy leyendo un discurso completo o solo una porción? ¿Cuál es su argumento, el punto que quiere enfatizar el autor o su idea principal? ¿Se trata de una promesa, un dicho o una exhortación de sabiduría? ¿Se refiere a una persona o situación específica o a cualquier creyente en cualquier punto de la historia humana? Para estudiar, necesitas tiempo, detenerte y pensar.

Dentro de los géneros, hay subgéneros o tipos y formas menores; por ejemplo: los libros del género profético tienen prosa, narrativa, discursos, lamentos poéticos, oraciones, profecías futuras, oráculos, etc. Levítico está escrito en un formato similar al de las leyes ugaríticas y de la región de Canaán y otros reinos de la época. La forma de estas leyes era muy familiar para estas personas. Es similar a leer un contrato de banco o seguro médico; cada país y región tiene sus formatos familiares para las personas que los leen.

No todos los géneros se interpretan de la misma manera. Una historia suele describir lo que estaba ocurriendo, y no necesariamente Dios aprueba o desaprueba estos hechos. Por ejemplo, las historias en el libro de Jueces no son instrucciones paso a paso de cosas que tenemos que hacer hoy. Esto podría llevarnos a quemar a nuestra hija y a hacer cosas inmorales. Estos personajes no son infalibles ni perfectos en sus vidas. Son individuos que Dios usó a pesar de ellos mismos.

Si se miran los mandatos en las cartas (prescriptivos) o en el Antiguo Testamento, hay que ver el principio y el contexto o grupo a quién el mandato estaba dirigido, distinguir las leyes en el contexto y el propósito con el cual fueron dadas (ceremoniales, civiles y morales).

En cuanto a las profecías, por ejemplo: su cumplimiento es histórico o espiritual, su cumplimiento es en la historia del pueblo o en la vida de la persona específica.

Los principios de sabiduría de Proverbios apuntan al único Justo que es la sabiduría encarnada, Cristo mismo, el único que vivió una vida perfectamente sabia. Los principios de la vida observados en los libros de sabiduría no son promesas de que ese dicho se cumplirá siempre. Esto no se debe a que Dios falle, sino a que este género busca que el lector aprenda a pensar sabiamente, y no fue dado como promesa a los lectores.

En la poesía bíblica en forma de paralelismo, hay cambios y se usan figuras de lenguaje. Entender esto nos alejará de equivocarnos al asignar a ciertos pasajes un significado distinto de la intención de Dios y por tanto terminar con prácticas esclavizantes, contrarias a Su voluntad buena, agradable y perfecta, que es nuestra santificación. Cuando no tengas algo en claro o no entiendas algo al iniciar un libro, apóyate en recursos para consulta, como diccionarios bíblicos de contexto o de términos, como si fueran un mapa en el camino o un sistema de navegación como Waze o Google Maps, porque recuerda que nadie ha llegado a ningún lugar solo con buenas intenciones.

ESFUERZO Y DEDICACIÓN

En Hebreos 6:9-12, el autor nos lleva a pensar en esto, diciendo: «Pero en cuanto a ustedes, amados, aunque hablemos de esta manera, estamos persuadidos *de las cosas que son mejores y que pertenecen a la salvación*. Porque Dios no es injusto como para olvidarse de la obra de ustedes y del amor que han mostrado hacia Su nombre, habiendo servido, y sirviendo aún, a los santos» (vv. 9-10, énfasis añadido). Estas son personas que están sirviendo a Dios, y después aparece un «pero», y los peros en la Biblia son muy importantes. «Pero deseamos que cada uno de ustedes muestre *la misma solicitud* hasta el fin, para alcanzar la plena seguridad de la esperanza» (v. 11, énfasis añadido). Dios espera que los creyentes se esfuercen no solo en el servicio a otros, sino también en profundizar en la Palabra y entonces recuperar la esperanza. Continúa diciendo: «a fin de que *no sean perezosos*, sino *imitadores de los que mediante la fe y la paciencia heredan las promesas*» (v. 12, énfasis añadido). En Hebreos 11, vemos a creyentes imperfectos pero perseverantes en su fe, fieles a Dios.

Nadie dijo que leer para entender sería fácil. Es simple, pero no fácil. Cuando alguien está enamorado, hace lo que sea para encontrarse con la persona amada. Debe poner esfuerzo, enfoque para prestar atención cuando se reúne con esa persona. Es terrible tomar un café con alguien y que esta persona esté distraída o mirando el celular o por encima de tu hombro todo el tiempo. Esa distracción y falta de esfuerzo no le permitirá entender lo que estás diciendo. También es notorio cuando alguien se distrae porque hay que repetir lo último que dijiste, ya que solo lo entiende por partes. No te entiende porque la conversación es como señal con mala recepción, y así leemos la Biblia. No la entendemos bien porque nos hemos distraído la mitad de la lectura. No hemos puesto esfuerzo en prestar atención al Amado, en ese encuentro con Él en Su Palabra.

ESTUDIO DE PALABRAS

Otra forma muy común de estudiar el texto es con un estudio de palabras. Sin embargo, esto lleva una advertencia, porque Dios no dio solo palabras, sino mensajes, con contexto de oraciones, párrafos y libros completos. Por eso siempre, antes de cualquier estudio específico, te recomiendo leer el libro completo. Los estudios de palabras son buenos, pero en contexto; es decir, al revisar cómo varias partes de la Biblia tratan el tema o utilizan esa palabra específica y qué instruyen a los creyentes.

> Hasta que no tenga una actitud de salirme del centro de la Biblia y escuchar lo que Dios está diciendo y no lo que yo quiero escucharlo decir, no podré ser libre para que Su verdad produzca esa libertad prometida.

PROFUNDIDAD

Al leer la Biblia, debes buscar profundidad. Piensa en los buzos de aguas profundas. A mí me encanta la playa y el buceo superficial o esnórquel. Soy consciente de que los buzos de aguas profundas tienen acceso a un universo bajo el mar, pero yo, por mi miedo a bucear —y si soy sincera, a no tener el control—, ese miedo de sumergirme y hacer todo lo que tengo que hacer para llegar a la profundidad, me mantengo siempre en la orilla de la playa en donde se siente la superficie. Sin embargo, me pierdo de mucho.

Esto es solo para ilustrar el punto de Hebreos 5:12, donde nos dice: «Pues aunque *ya debieran ser maestros,* otra vez tienen necesidad de *que alguien les enseñe los principios elementales de los oráculos de Dios,* y han llegado a tener necesidad de leche y no de alimento sólido» (énfasis añadido). ¿Por qué afirma enfáticamente el autor que la audiencia tiene esta necesidad? La palabra *oráculo* es sinónimo de discurso instruccional. Aquí, el autor dice a su audiencia en un tono que parecería exasperado que el alimento de la Palabra no está *a la altura* de lo que en ese punto debían tener.

Un cristiano inmaduro da paso a la desobediencia y, después de un tiempo, una gran contradicción. Imagínate que el lunes, en tu trabajo, un compañero llega vestido con pañal, corbata y chupete. Así más o menos podemos considerar el ser llamado discípulo, o seguidor del Dios eterno e infinito, y que nos neguemos o seamos negligentes en madurar. Dios nos llama a que *no* seamos Peter Panes espirituales. En Hebreos 6:1, el autor nos anima a madurar y crecer. Avancemos hacia la madurez.

PARA ENTENDER BIEN, DISTINGUE PRESCRIPCIÓN DE DESCRIPCIÓN

En una ocasión, alguien de mi familia compartió un medicamento que le habían recetado a otro familiar, y esta persona casi muere. Parece un chiste, pero es una anécdota. Este es el peligro cuando no diferenciamos, al leer la Biblia, entre la descripción en una historia (algo que se narra y se cuenta desde la perspectiva del autor) y lo prescrito (mandamiento, orden o instrucción) para ser imitado por todos o que se promete para todos o para alguien específico. Un buen médico conoce los principios activos de un medicamento y cómo aplicarlo, en qué condiciones, cuáles son sus interacciones y las condiciones de salud indicadas para ese medicamento. Esto no pone para nada en duda la relevancia o eficacia de dicho medicamento. Pero sí condiciona su aplicación a individuos y condiciones específicas.

Uno de los mayores errores al estudiar la Biblia es confundir lo descriptivo con lo prescriptivo. No todos debemos imitar todas las acciones de Abraham, pero sí su fe (Gén. 12, 17). Otro error es tomar lo descriptivo como prescriptivo sin tener en cuenta la audiencia y la situación o el contexto a la luz del plan redentor y de toda la Escritura. Examinemos la historia de Isaac. Aplicando la curva de narrativa, lo vemos literaria, histórica y teológicamente. Hoy, sabemos que esta promesa se cumplió y el plan redentor de Dios continúa siendo para *todas las naciones* a través de Abraham. Lo importante del pasaje no es sacrificar a «tu Isaac», sino la capacidad de Dios para proveer salvación y la figura de Cristo a la que apunta esta historia, cuando Dios proveyó un cordero para sí que satisfizo el sacrificio y Dios mismo entregó a Su unigénito Hijo por la humanidad para bendición de las naciones. Este es el punto de la historia.

¡Ánimo! Dios es el mayor interesado en que lo conozcas y entiendas bien. Toma un tiempo para orar e invitar al Espíritu Santo a que escudriñe tu corazón y te ayude a aprender y desaprender a medida que estudias Su Palabra. Leamos, escudriñemos, estudiemos la persona de Dios en la Biblia, y te aseguro que, en este proceso, verás tu vida transformada ante el espejo del Creador y Su voluntad para Su creación y nosotros como portadores de Su imagen.

A través de toda la Escritura, en diversas ocasiones se utiliza la ilustración de la nutrición. El estudio bíblico es un deleite, es como cocinar y comer una comida hecha con esmero con las personas más importantes de tu vida. El tiempo de estudio bíblico es un encuentro en el cual no solo comen juntos, sino que también preparan los alimentos. Lamentablemente, muchas de nosotras hemos visto el estudio bíblico como una mamá que obliga a sus hijos pequeños a comer vegetales.

Actitudes como la humildad y la reverencia a la autoridad de las Escrituras son vitales para entender la Biblia correctamente y sumergirnos en sus profundidades para descubrir a un Dios real, grande, cercano, relevante e involucrado en moldear y cambiar nuestras perspectivas durante nuestros tiempos de estudio, de forma que ese estudio tenga efecto en nuestras mentes, corazones y acciones.

Ejercicio de aplicación

Hagamos un ejercicio de memorización. Escribe este versículo en una hoja varias veces y memorízalo: «Procura con diligencia presentarte a Dios aprobado, como obrero que no tiene de qué avergonzarse, que maneja con precisión la palabra de verdad» (2 Tim. 2:15).

Al final del libro, leeremos la secuencia de varios pasajes a través de toda la Biblia. En cada capítulo, quiero animarte a leer los pasajes completos y meditar en ellos. Lee Isaías 43, Jeremías 5, Lamentaciones 3, Ezequiel 11, Daniel 4 y responde la siguiente pregunta:

¿Qué nos dice sobre Dios y Su carácter, y qué dice sobre el ser humano en…?

a. Isaías 43:11-13

____

____

b. Jeremías 5:18-19

____

____

c. Lamentaciones 3:31-33

____

____

d. Ezequiel 11:16-17

____

____

e. Daniel 4:17

____

____

5
El contexto, el Autor y el Espíritu que la inspira

palabras clave: contexto, distancia, perspectiva, referencias, diccionario bíblico

«Sepa, pues, con certeza toda la casa de Israel, que a este Jesús a quien ustedes crucificaron, Dios lo ha hecho Señor y Cristo». Al oír esto, conmovidos profundamente, dijeron a Pedro y a los demás apóstoles: «Hermanos, ¿qué haremos?». Entonces Pedro les dijo: «Arrepiéntanse y sean bautizados cada uno de ustedes en el nombre de Jesucristo para perdón de sus pecados, y recibirán el don del Espíritu Santo. Porque la promesa es para ustedes y para sus hijos y para todos los que están lejos, para tantos como el Señor nuestro Dios llame» (Hechos 2:36-39).

En mi país, República Dominicana, existe una atracción turística local conocida como «el polo magnético». Este lugar en la provincia de Barahona es conocido porque, al detener el carro y ponerlo en neutro, el auto va en dirección contraria a la inclinación; es decir, en lugar de irse hacia abajo, va hacia arriba. Durante mis estudios de ingeniería, hicimos una medición topográfica, la cual nos demostró que aquello que al ojo humano parece ser una subida, al analizar el contexto objetivamente medido por instrumentos y no por nuestro ojo, realmente va hacia abajo. Nuestros ojos nos engañan y no hay nada mágico ni magnético en ese lugar. El contexto afecta nuestra perspectiva.

Es importante conocer y entender el contexto de la Biblia y del pueblo de Israel, cuya historia es una parte importante representada en sus páginas. De igual importancia es saber que el pueblo de Israel era un medio a través del cual Dios cumpliría Su propósito de redimir por gracia todas las cosas y a aquellos que Él determinara.

Lo que conocemos como la nación de Israel no es lo mismo que el pueblo de Israel en el Antiguo Testamento, aunque tengan en común la historia. El pueblo y la nación no son lo mismo. Ahora, la nación de Israel tiene una historia compleja. La mayor parte de la existencia histórica-étnica del pueblo judío ha estado gobernada por potencias extranjeras. Los judíos han enfrentado ser víctimas de genocidio y todavía hoy enfrentan no solo amenazas sino una verdadera saña y acciones malvadas contra ellos como pueblo, solo por ser judíos. La maldad perpetrada por Hamás contra Israel el 7 de octubre de 2023 es solo una muestra más y una batalla más de los milenios de acciones contra este pueblo. En mi opinión, ningún pueblo étnico ha enfrentado una ideología étnica homicida por tanto tiempo como ellos.

La Biblia es transformadora de sociedades por generaciones. Es la historia que muestra cómo la bendición que inició con un hombre se extendió a un pueblo con el propósito de que, a través de ellos, se extendiera esa bendición a todas las familias de Dios. Ahora, aunque la nación de Israel y el pueblo de Israel —el pueblo de Dios— no sean lo mismo, debemos recordar que cualquier enemigo de Dios será enemigo de la humanidad. Cualquier enemigo de la humanidad también sería enemigo de los planes de Dios en cualquier punto del desarrollo de la historia a través de la cual Dios se revelaba a sí mismo y revelaba Sus verdades y propósitos, leyes y orden.

No me gusta ver películas repetidas. Me sorprende que, al verlas nuevamente, es como si las estuviera viendo por primera vez y entiendo aspectos que antes no había entendido. Estas son películas que cuentan historias en unas tres horas. Las películas y las series de televisión están compuestas de escenas. En algunas, toda la historia se desarrolla en un lapso de unas horas. Un ejemplo de esto es la serie 24. Jack Bauer y su equipo nos atrapan en un drama y acción que seguimos por temporadas, aunque toda una temporada representa 24 horas[1]. Otras, como la película dramática *Boyhood* [Momentos de una vida], se filmó a lo largo

[1] Cadena de televisión Fox, 2001. Nueve temporadas.

de doce años, en donde el protagonista y el actor que lo representa va creciendo ante los ojos de la audiencia. En dos horas, se cuentan doce años de su vida. Aparte de la emotividad de la historia, la paciencia del equipo director y los actores para plasmarla y esperar el desarrollo de la obra no deja de ser loable. La película refleja mucho de la cultura y el crecimiento, los retos y los estilos de crianza que enfrenta un jovencito desde los seis hasta los dieciocho años, con tentaciones, costumbres y pecados muy característicos en su cultura que pueden parecernos un poco extraños y distintos, pero a la vez con similitudes de lo que experimenta alguien en la cultura latinoamericana.

Al leer la Biblia, podemos perder de vista justamente que se narran 3500 años de historia humana que puede ser leída —toda la Biblia, consecutivamente— en solo 72 horas. De esta forma, por ejemplo, podemos pasar por alto que casi un tercio del Evangelio de Juan se dedica a un día de la vida de Jesús, lo que conocemos como Su pasión (Juan 13–19). A veces, pasamos de un versículo a otro y perdemos de vista que han transcurrido años. Entre Génesis 50 y Éxodo 1, han pasado 430 años aproximadamente de pérdida de identidad, relación con Dios, entendimiento de Dios y apego familiar. Imagínate a tu primo que emigró al norte hace treinta años y cómo sus hijos ya no comen tortillas o plátanos, dependiendo del país que seas. Ahora, piensa que hace 430 años, los españoles estaban en plenos esfuerzos de conquista. Las costumbres y cosmovisión de los setenta hebreos de una sola familia narrados en Génesis son completamente distantes de la cosmovisión, la sociedad y las costumbres de los casi 2.000.000 de esclavos descendientes de Jacob quienes ya no se veían como familia, sino como pueblo. El Dios de sus padres era muy distante al concepto de Dios que tenían en ese punto de la historia. Por eso es importante pensar en la audiencia. Cuando hablamos de personas, treinta años son una generación completamente diferente. Para poner esto en perspectiva, por ejemplo, internet fue abierto al público hace tan solo treinta años.

También es posible entender la historia y perder de vista detalles culturales con los que encontraríamos una distancia cultural y de época que limitan nuestro entendimiento de detalles de la historia sin eclipsar su idea principal. Esto, en muchas ocasiones, condiciona su aplicación a individuos y situaciones específicas.

Como dijimos en el capítulo anterior, un buen estudiante de la Biblia sabe aplicar correctamente sus principios. *Uno de los mayores errores al estudiar la Biblia es confundir lo descriptivo con lo prescriptivo.* Lo descriptivo, lo que la Biblia cuenta y narra, no necesariamente implica que Dios apruebe ciertas acciones, decisiones o comportamientos de personas, familias y naciones, tal como se narra en otros momentos donde Él aprueba o apoya.

Por ejemplo, la Biblia narra cómo Sara le dio a su sierva Agar a Abraham para tener un hijo. Eso no quiere decir que Dios lo aprobara, aunque Sara y Abraham aparezcan en el Salón de la Fama de la Fe, como se conoce a Hebreos 11. Lo mismo se puede decir de Gedeón, cuyas acciones posteriores a la victoria llevaron al pueblo a la idolatría (Jue. 8:27); de Sansón, quien desobedeció a Dios; de Jefté, a quien Dios le dio una victoria y quien terminó prometiendo a su hija para ser ofrecida como holocausto (Jue. 11), imitando las costumbres paganas y quebrantando la ley de Dios (Lev. 18:21). Tomar estas y otras narrativas como algo prescriptivo sin tener en cuenta *la audiencia y situación* o el contexto a la luz del plan redentor y toda la Escritura nos lleva a graves errores. Examinemos la historia de Isaac. Aplicando la conocida curva de narrativa, la veremos *literaria, histórica y teológicamente.*

Uno de mis pastores, Oscar Morales, lleva a los estudiantes de nuestro instituto bíblico a través de este ejercicio y es clarísimo para mostrarnos estos principios:

Uno de los mayores errores al estudiar la Biblia es confundir lo descriptivo con lo prescriptivo.

Leamos Génesis 22:1-18, y veremos la escena inicial, el conflicto, el clímax, y la resolución y la escena final:

La escena inicial: empezamos en los versículos 1-2: «Dios probó a Abraham, y le dijo: "¡Abraham!". Y él respondió: "Aquí estoy". Y Dios dijo: "Toma ahora a tu hijo, tu único, a quien amas, a Isaac, y ve a la tierra de Moriah, y ofrécelo allí en holocausto sobre uno de los montes que Yo te diré"».

El conflicto: Ahora, veremos el conflicto en el versículo 7, donde Isaac dice: «"¿Dónde está el cordero para el holocausto?". Y Abraham respondió: "*Dios proveerá para sí el cordero* para el holocausto"» (énfasis añadido). Esta línea es clave. Dios no está proveyendo un simple sacrificio. Abraham dice proféticamente que Dios proveerá para sí un cordero. Esta prueba se trata de fe salvífica. Dios salvará proveyendo un sustituto correcto para este sacrificio. Para este punto, la ley no había sido dada. Pero Dios es consistente con la ley que habría de dar: un cordero perfecto sería el sustituto. Nadie tenía la capacidad de proveer un sacrificio que fuese digno de Dios. Lo que vendría sería solo la sombra del sacrificio perfecto que Dios proveería para sí mismo en *Cristo, el Cordero.*

El clímax: esto se muestra cuando Abraham decide obedecer a Dios y sacrificar a Isaac. La fe precedió a la obediencia. La fe confiaba con la esperanza de que Dios proveería un cordero. La fe hacía que Abraham reconociera que solo Dios podría proveer lo necesario y que él solo podía aportar su fe a la ecuación. Abraham era rico y tenía muchos corderos y ganados que podría haber llevado «por si acaso», pero en su fe, sabía que Dios quería su corazón y su confianza plena. Entonces, llegamos a la resolución.

La resolución: el ángel detiene a Abraham y le dice que no sacrifique a su hijo: «Entonces Abraham alzó los ojos y vio un carnero detrás de él trabajo por los cuernos [...] tomó el carnero y lo ofreció en holocausto en lugar de su hijo» (v. 13).

Escena final: lo vemos en los versículos 14 al 18: «Y Abraham llamó aquel lugar con el nombre de El Señor Proveerá [...] y le dijo [el ángel del Señor]: «Por Mí mismo he jurado [...] que por cuanto has hecho esto y no me has rehusado tu hijo, tu único, de cierto te bendeciré grandemente [...]. En tu simiente serán bendecidas todas las naciones de la tierra, porque tú has obedecido Mi voz».

A partir de allí, se cumplió la promesa, y el plan redentor de Dios continúa siendo para *todas las naciones* a través de Abraham.

El contexto nos ayuda a construir el puente que une la observación (lo que el texto dice) y la interpretación. Necesitamos mirar lo que el texto significa para la audiencia original y pensando siempre: ¿cuál es la intención del autor? Recordemos 2 Pedro 1:19-21, donde el apóstol Pedro nos advierte:

> Y así tenemos la palabra profética más segura, a la cual ustedes hacen bien en prestar atención como a una lámpara que brilla en el lugar oscuro, hasta que el día despunte y el lucero de la mañana aparezca en sus corazones. *Pero ante todo sepan esto, que ninguna profecía de la Escritura es asunto de interpretación personal, pues ninguna profecía fue dada jamás por un acto de voluntad humana, sino que hombres inspirados por el Espíritu Santo hablaron de parte de Dios* (énfasis añadido).

La Biblia siempre debe interpretar la Biblia. Un ejemplo claro de esto es el libro de Levítico y la carta a los Hebreos. Cuando lees estos dos libros a la par, podrás darte cuenta de que, a pesar de los 1400 años de diferencia de escritura entre ambos, uno presenta la clara explicación del otro; uno hace evidente el sentido claro que Dios dio desde el origen al otro. Ambos apuntan a Cristo, lo exaltan, lo revelan y muestran Su obra redentora.

Partiendo del texto, necesitamos entender la situación de la audiencia original en el contexto literario, cultural, histórico y teológico del texto. La Biblia no se interpreta directamente para mí.

LAS DISTANCIA DEL CONTEXTO

En la Biblia, buscamos el significado para la audiencia original, nos ponemos en sus zapatos y nos preguntamos: «¿Cómo lo habrán entendido ellos?». Este es probablemente el error más común que veo en la interpretación bíblica. Si hacemos esto, nos salimos de la idea central del texto y ponemos al autor y su audiencia como perspectiva principal. Pensar en cuál es la intención del autor, qué quiso decir, nos ayuda a ver el significado del texto a través de los ojos de Pablo, Moisés, Jeremías, Pedro, Juan, Judas o Samuel, y no a través de los míos.

El otro día, comentábamos con mi esposo acerca de Gálatas. En el contexto de Gálatas, Pablo expresa su frustración al ver que ellos, quienes habían recibido el evangelio directamente de él junto con Silas y Timoteo (Gál. 1:1-3), habían empezado a creer a los falsos maestros y a los judaizantes, quienes los convencieron de que, si abrazaban la fe cristiana y agregaban las costumbres judías tales como la circuncisión, esto los haría mejores cristianos, y que era necesario para la salvación.

Aun hoy vemos enseñanzas similares. Cuidado con lo que practicas. Sin embargo, al pensar en el contexto, podemos profundizar solo al cuestionarnos cómo distintas personas habrían recibido estas reprensiones. ¿Cómo lo habrían interpretado o cómo se habrían sentido los gálatas y demás gentiles en la audiencia? ¿Cómo lo recibirían los de ascendencia judía que se congregaban juntos? ¿Era esto algo que los separaba y amenazaba la unidad de la iglesia? ¿Era algo vital porque amenazaba su entendimiento de la obra de Cristo como suficiente o incompleta (Cristo + prácticas judías)? Pablo había sido judaizante en su momento, era fariseo de fariseos antes de conocer a Cristo. Conocer a Cristo cambió todo, y ahora estos falsos maestros querían traer esclavitud con una mala enseñanza de las Escrituras. Deseaban manipular e imponer su errada interpretación de costumbres y rituales como la circuncisión, cuyo propósito era justamente apuntar solo al cumplimiento de todo en Cristo. Al imponer esas prácticas mal basadas en una tergiversación y uso distinto al propósito de Dios en Cristo, esos falsos maestros invalidaban el sacrificio de Cristo. Muchas tergiversaciones de rituales, costumbres, mandatos y figuras que fueron dadas para apuntar a Cristo son vistas y practicadas en la iglesia hoy. Los que promueven esto de igual forma quieren invalidar o socavar lo que Cristo ya completó y logró en la cruz del Calvario.

Hagamos esta pregunta: ¿Cómo ilumina el contexto histórico el significado del texto? Es necesario usar herramientas para entender el contexto. Quiero reiterarte: el contexto es el puente entre la observación y la interpretación. No tomar en cuenta este aspecto es como saltar de un precipicio y creer que caeremos sobre nuestros pies. El contexto es ponernos en los zapatos de los receptores originales de las Escrituras: los oyentes, los lectores y los autores. Una interpretación bíblica correcta se hace con ellos y no con nosotros en mente. Existen montañas que nos separan del entendimiento adecuado de los libros y textos de la Palabra y, como hemos mencionado, las más grandes (aunque no las únicas) son el tiempo, la cultura y el idioma.

LA DISTANCIA DEL IDIOMA

El Antiguo Testamento fue escrito en hebreo y algunas porciones en arameo, sobre todo después de 586 d. C., ya que, durante el exilio, los judíos incorporaron las lenguas babilónicas para la comunicación diaria. El Nuevo Testamento fue escrito en griego *koiné* a raíz de la helenización del mundo conocido en el 332 a.C. por Alejandro el Grande. A pesar de que para el tiempo de Cristo el Imperio romano gobernaba política, militar, cultural y religiosamente, el helenismo o cultura griega —incluido su idioma— era el que dominaba el imperio. Esto requiere puentes que nos acerquen al significado original y no al que vemos con ojos modernos sin mayor atención ni examinación.

> Partiendo del texto, necesitamos entender la situación de la audiencia original en el contexto literario, cultural, histórico y teológico del texto. La Biblia no se interpreta directamente para mí.

¿CÓMO ESTUDIAR EL CONTEXTO?

El Antiguo Testamento, *o como muchos hoy prefieren llamarlo, «la Biblia hebrea», tiene una situación específica en cada parte de la historia hasta el Nuevo Testamento.*

Quiero sugerirte algunas preguntas para aclarar el contexto histórico que puedes usar al leer el Antiguo Testamento:

- ¿Qué está haciendo Dios en la historia de Israel en ese tiempo específico?

- ¿A qué generación de israelitas o a qué pueblos les está hablando? Por ejemplo, Abdías habla a los habitantes de Edom, Jonás y Nahúm a los asirios y su capital, Nínive, pero con cien años de diferencia.
- ¿Cuál es la situación religiosa, social y política en ese tiempo? No debemos minimizar el pecado porque se trate del pueblo de Dios o sus líderes.
- ¿Qué tipo(s) de literatura encuentro en el libro (discursos, poesía, oración, lamentos, denuncias, oráculos, leyes, pactos, dichos sabios, promesas, argumentos)?

También debo preguntar:

- ¿Cuál es la idea principal del libro?
- ¿Cuál es razón principal o la ocasión por la cual el libro fue escrito?
- ¿Cuál fue la meta o el propósito del autor al escribirlo?

El Nuevo Testamento contiene otro tipo de contexto. Por ejemplo, 1 Corintios es realmente una respuesta a una carta pidiendo consejo y reportando la situación de la iglesia que un grupo, los de Cloé, le enviaron a Pablo. Aunque no tenemos registro de esa carta, Pablo afirma que 1 Corintios es una respuesta. Esto nos ayuda a entender la carta de Pablo de manera diferente.

En cuanto al marco histórico de la audiencia original, debemos preguntarnos:

- ¿Qué conocían de Dios, de Sus obras, de Sus mandatos, de Su relación, promesas o advertencias en ese punto de la historia bíblica?
- ¿Cuál era la cultura?
- ¿Cómo era su situación/trasfondo religioso?
- ¿Qué dioses y costumbres religiosas se mencionan en la Biblia?
- ¿Qué creencias tendrían acerca de Dios, tanto correctas como incorrectas?
- ¿Denuncia Dios algún pecado, práctica o costumbre?
- ¿Cuál era la situación política/geográfica?

- ¿Quiénes eran aliados o enemigos políticos?
- ¿Quién era el imperio o las potencias políticas más influyentes?
- ¿Quiénes formaban parte de la iglesia o del pueblo de Dios en ese punto?
- ¿Qué estaba pasando en la iglesia en aquel tiempo?

Las cartas a la iglesia primitiva nos dejan saber mucho sobre cuál era el problema de cada una de sus iglesias destinatarias. A la hora de abordarlas, es importante considerar las siguientes categorías:

- ¿Cuáles son las fortalezas y las debilidades de esa iglesia específica? Esto lo puedes ver en el libro de Hechos con las denuncias, advertencias y correcciones que el autor hace dentro de la misma carta.
- ¿Cuáles son los problemas/preguntas que podrían haber tenido?
- ¿Quién es la audiencia original?
- Si es un Evangelio o Hechos, ¿a quiénes les está hablando Jesús: a las multitudes, a los doce, a los discípulos, a alguien específico, a los fariseos o a los escribas?
- ¿Cuál es la situación cultural, política, social y geográfica de la audiencia o el lector originales? Por ejemplo, al estudiar Éxodo, nos damos cuenta de que los lectores probablemente son personas a punto de entrar en la tierra prometida, la audiencia de Deuteronomio. Sin embargo, la audiencia, los oyentes que estaban viviendo los hechos, era una generación de cuarenta años antes con otra perspectiva, preocupaciones y preconcepciones acerca de Dios. ¿Qué pensaban o creían? ¿Cuál era su trasfondo religioso?
- ¿Cuáles eran los acontecimientos históricos o de la vida de sus iglesias? La persecución del emperador Claudio en 54 d. C. fue diferente de la persecución de Nerón, y esto cambia la perspectiva entre leer 1 Corintios, Hebreos y 2 Timoteo, donde había persecuciones con características distintas.

La Palabra de Dios es oportuna. Dios habló en situaciones específicas, en cuanto a problemas y preguntas diferentes en tiempos y formas puntuales. A través de la Escritura, Dios personalmente se involucra en las vidas de personas, hablando directamente a sus necesidades en maneras apropiadas a sus situaciones. Eso es bueno porque nos da ejemplos concretos y prácticos en vez de abstractos y meramente teóricos. La Palabra nos fue dada para ser entendida y obedecida, no solo para ser escuchada, pero necesitamos entenderla bien para poder aplicarla bien. Sin embargo, la naturaleza concreta de la Escritura también crea problemas. Nuestras situaciones, problemas y preguntas no siempre están relacionados directamente con los de la Biblia. Por eso, la Palabra de Dios a la audiencia original no siempre parece inmediata o directamente aplicable para nosotros. Tenemos que pensar en el contexto.

El Antiguo Testamento, o como muchos hoy prefieren llamarlo, «la Biblia hebrea», tiene una situación específica en cada parte de la historia hasta el Nuevo Testamento.

EL CONTEXTO CANÓNICO O A LA LUZ DE LA CRUZ

Un principio que nos ayuda es responder a las preguntas propuestas por el pastor y autor Brian Chapell en su libro *Christ Centered Preaching*[2], y que responde la pregunta: «¿Cómo es Cristo la clave de la interpretación?». Él sugiere las preguntas siguientes: ¿Hay algo explícito en el texto acerca de Cristo? ¿Hay algún tipo de Cristo en el texto? ¿Hay algo que predice la obra de Cristo? ¿Hay alguna sombra de la persona y obra de Cristo? ¿Hay algo que refleja la necesidad de la obra de Cristo? ¿Hay algo que sea un resultado de la persona y la obra de Cristo?

Quiero compartirte un ejemplo. Este salmo nos revela la importancia del contexto canónico. ¿Cuántas veces no se ha leído este salmo como si fuera una promesa para un líder de la iglesia o una persona específica? El Salmo 110, de David, declara:

---

[2] Brian Chapell, *Christ Centered Preaching: Redeeming the Expository Sermon* (Ada, MI: Baker Academic, 2005), p. 282.

> El Señor le dijo a mi Señor: «Siéntate en el lugar de honor a mi derecha, hasta que humille a tus enemigos y los ponga por debajo de tus pies». El Señor extenderá tu poderoso reino desde Jerusalén, y gobernarás a tus enemigos. Cuando vayas a la guerra, tu pueblo te servirá por voluntad propia. Estás envuelto en vestiduras santas, y tu fuerza se renovará cada día como el rocío de la mañana. El Señor ha hecho un juramento y no romperá su promesa: «Tú eres sacerdote para siempre, según el orden de Melquisedec». El Señor está a tu derecha para protegerte; derribará a muchos reyes cuando estalle su enojo. Castigará a las naciones y llenará de cadáveres sus territorios; destrozará cabezas por toda la tierra. Pero él se refrescará en los arroyos junto al camino. Saldrá vencedor (NTV).

Sin embargo, este salmo mesiánico profético está hablando de Jesús. Al leerlo con Cristo en mente y no contigo mismo en mente, tendrás un entendimiento más claro. Esto nos lleva a ver a *Cristo* o *figuras de Cristo* en el Antiguo Testamento y toda la Biblia; por ejemplo, el arca como salvación en medio del juicio es sombra de Cristo, la serpiente levantada en el desierto, el cordero sustituto de Isaac ante su inminente sacrificio, el cordero de la Pascua, las profecías del Mesías, el templo, el rey del trono de David prometido en 2 Samuel 7, todos apuntaban a alguien mayor, perfecto: *Cristo mismo*.

EL USO DE LAS PALABRAS Y FRASES IDIOMÁTICAS

En español, tenemos frases idiomáticas como: «camarón que se duerme se lo lleva la corriente». Vemos expresiones como esas en la Biblia, que en esa época habrían tenido sentido y hoy no tienen el mismo sentido para nosotros. ¿Cómo cruzamos estas barreras?

La barrera geográfica: Cuando estudiamos geografía bíblica, un buen atlas de la Biblia o diccionario bíblico también pueden suplir información valiosa sobre lugares desconocidos y transportarnos a ellos haciendo que las historias e instrucciones cobren mayor vida.

La barrera del tiempo: A menudo, nos falta información importante con respecto al contexto histórico en el cual cada libro fue escrito. Sin esto, no tenemos idea de por qué el autor dijo lo que dijo y qué relevancia tiene para nosotros hoy.

La barrera cultural: Los eventos bíblicos acontecieron en muchas culturas distintas. Costumbres y creencias sobre las cuales leemos nos pueden parecer extrañas porque están tan alejadas del siglo XXI. Peor aún, podríamos querer tomar como instrucciones algunas costumbres bíblicas meramente culturales pero no prescriptivas para hoy. Es importante entender la cultura en las cuales se escribieron ciertos pasajes de la Escritura para evaluar su significancia para nosotros hoy. La mayoría de las malas interpretaciones, desviaciones, falsas enseñanzas y herejías provienen de no conocer, comprender y respetar el *contexto* de los libros y las cartas que componen la Biblia, en alguna de sus formas.

RECURSOS PARA ENTENDER EL CONTEXTO

Existen varios recursos que puedes usar para entender mejor el contexto; entre esos:

Referencias internas: Se trata del uso de la Biblia misma para entender el contexto. Busca otras partes en donde veas los lugares, los eventos (terremoto, expulsión de los cristianos de Roma por Claudio, etc.) y las personas (el equipo que estuvo con Pablo) mencionados en el pasaje que estás leyendo. Para encontrar información del contexto de la mayoría de las epístolas, puedes consultar el libro de Hechos una y otra vez. Para hallar información sobre los profetas, regresa siempre a Levítico, Deuteronomio, Reyes y Crónicas. Para la información sobre Hebreos, lee Levítico a la par. Toda la Escritura está interconectada.

Referencias externas: Busca en diccionarios bíblicos, que son diferentes de un comentario bíblico. Un diccionario da información histórica específica y de contexto, pero no es una interpretación o idea personal sobre el contexto. En cambio, un comentario es el punto de vista de alguien o cómo esa persona toma la información y subjetivamente la aplica al texto. También puedes encontrar Biblias de estudio. No recomiendo a mis estudiantes utilizar comentarios bíblicos hasta concluir el proceso de estudio del texto por sí mismos, pues pueden convertirse en una muleta a la hora de pensar y meditar en el texto. También debemos tener cuidado con los comentarios que utilizamos. No soy partidaria del uso de la Biblia de Estudio Scofield, pues tiene una fuerte perspectiva específica enfatizada en todo su comentario.

LA VINDICACIÓN DE UNA BIBLIA NO MACHISTA

Me gustaría argumentar que el problema con estas perspectivas es el uso deductivo y prescriptivo erróneo de la narrativa bíblica al hacer comparaciones. Por ejemplo, comparar la toma de la tierra prometida con las actividades colonizadoras de los españoles, dos mil años después, es una simplificación, una interpretación mística y un mal uso de las Escrituras. Este es solo un ejemplo de los miles que podríamos encontrar. De igual manera, en una publicación de Clacso[3], se afirman los puntos en los cuales se apoya la tesis del artículo: «el redescubrimiento de la Biblia como empoderamiento de los pobres en su práctica política de liberación; el redescubrimiento de la Biblia como un libro patriarcal y excluyente y, tercer punto: el descubrimiento de la Biblia como un libro en el cual se refleja la complejidad de la vida en textos, que tienen poder para liberar y para aplastar». Nuevamente, una hermenéutica o forma de interpretar la Biblia que trae una lectura con ojos de siglo XXI y no cruza los puentes y se acerca a su audiencia original está no solo en riesgo de caer en un entendimiento distorsionado, sino también en una afirmación y práctica que no reflejan a Cristo, Su mensaje y un respeto por los autores y destinatarios originales. Por ende, nuestro aprendizaje estará sesgado.

Uno de los aspectos más lamentables es ver a personas que no conocen la Biblia y que no la entienden atacándola y cuestionando el mensaje que no han leído completamente o estudiado correctamente. Otros han asignado presuposiciones a su lectura, y ese tinte en sus «lentes de lectura bíblica» le ha atribuido a la Biblia posiciones sociales y teológicas contrarias a su realidad histórica-social. En cuanto a los puntos anteriores, quiero dar un ejemplo. Colosenses 3:5-14 (NVI) dice:

> Por tanto, hagan morir todo lo que es propio de la naturaleza terrenal: inmoralidad sexual, impureza, bajas pasiones, malos deseos y avaricia, la cual es idolatría. Por estas cosas viene el castigo de Dios. Ustedes las practicaron en otro tiempo, cuando vivían en ellas. Pero ahora abandonen también todo esto: enojo, ira, malicia, calumnia y lenguaje obsceno. Dejen de mentirse unos a otros, ahora que se han quitado

---

[3] https://biblioteca.clacso.edu.ar/Costa_Rica/dei/20120712014408/biblia.pdf

> el ropaje de la vieja naturaleza con sus vicios, y se han puesto el de la nueva naturaleza, que se va renovando en conocimiento a imagen de su creador. En esta nueva naturaleza no hay griego ni judío, circunciso ni incircunciso, culto ni inculto, esclavo ni libre, sino que Cristo es todo y está en todos.
>
> Por lo tanto, como escogidos de Dios, santos y amados, revístanse de afecto entrañable y de bondad, humildad, amabilidad y paciencia, de modo que se toleren unos a otros y se perdonen si alguno tiene queja contra otro. Así como el Señor los perdonó, perdonen también ustedes. Por encima de todo, vístanse de amor, que es el vínculo perfecto.

Una teología bíblica bien desarrollada con los lentes correctos demostrará lo antimachista que es Dios en Su comunicación con diferentes mujeres a través de la Biblia. Mujeres que, a pesar de su pecado, recibieron esperanza en el carácter de Dios. Entre ellas:

- Eva, la caída.
- Lea, la fea.
- Las hijas de Zelofehad, las desapropiadas.
- Tamar, la nuera despreciada.
- Rahab, la exprostituta.
- Rut, la moabita, la extranjera.
- Abigail, la viuda maltratada.
- Betsabé, la avergonzada.
- Tamar, la abusada.
- Ester, la huérfana.
- María, la desposada.
- Magdalena, la exendemoniada.
- Marta, la afanada.

Y en cada instancia de la vida de estas mujeres, *Dios reivindica contraculturalmente, redime inesperadamente, liberta definitivamente, y rescata inexcusablemente.* ¡Este es mi Dios! En cada instancia, Dios hace lo inesperado y se revela tal como Él es.

Dios es prohumanos, porque es Su Creador. Ya sean hombres o mujeres, Dios se ha dado a la tarea del florecimiento del ser humano. Nos creó sin necesidad ni obligación de hacerlo. En nuestras evidentes diferencias y similitudes, tanto hombres como mujeres hemos sido equipados para llenar la tierra y someterla juntos (Gén. 1:28). Sin embargo, limitar el propósito de este mandato —que conocemos como el mandato cultural—a la procreación solamente es interpretar la Biblia con miopía.

¿A quién alcanza el «mandato cultural» que leemos en la Biblia? El mandato cultural es para seres humanos como tú y yo en situaciones diversas. Es para el discapacitado: «Y el Señor le dijo: "¿Quién ha hecho la boca del hombre? ¿O quién hace al hombre mudo o sordo, con vista o ciego? ¿No soy Yo, el Señor?"» (Ex. 4:11). El mandato cultural es para los solteros y para los casados. Si la soltería quedara corta del plan perfecto de Dios, Cristo no habría sido soltero, al igual que muchos otros siervos de Dios. Y más allá de su estatus, Dios tenía un plan y propósito para el bien de la humanidad, sus comunidades y familias. Llenar la tierra y someterla tenía connotaciones más profundas.

¿Cómo se relacionó Dios con las mujeres estériles? Algo que pasamos por alto al leer la Biblia es que antes de hablarles a las mujeres en su esterilidad, Dios les habló a sus maridos. Sin tabúes, en una sociedad donde las mujeres eran vistas como las responsables de la esterilidad, Dios intervino y obró en los corazones de sus maridos. Cuando Jacob trató a Raquel mejor que a Lea, Dios honró a Lea y no la dejó en vergüenza o experimentando injusticia. Dios usó a hombres para honrar las vidas de esas mujeres. La mujer de Potifar, con toda su desviación sexual, fue responsable, y José escapó de ella. José era consciente de que, si caía en la tentación, estaría pecando contra ella y que él no sería una simple víctima en el asunto. Pagó un precio injusto por comportarse como justo. Hoy en día, justificamos el pecado de los hombres, culpando a las mujeres que pecaron con ellos, pero esa no es una lectura correcta del texto.

Aun en el mundo caído y manchado por el pecado, Dios tiene propósito más allá de la procreación para aquellos que en Su soberanía ha creado. Por esto es importante que, al leer la Biblia, veamos al Dios que ve a las mujeres como más que máquinas de hacer bebés, aunque este es un bello diseño y un gran privilegio. Las mujeres tenemos el privilegio de ser dadoras y sustentadoras de vida, reflejando un aspecto importante del carácter del Creador mismo. Sin embargo, Dios tiene un plan único, y no un plan B, para aquellas que no somos madres físicas.

Cada mujer en la Biblia es tratada con igualdad y dignidad por parte de Dios. No por encima de los hombres, pero con la misma dignidad. Así que una lectura correcta de las Escrituras no podrá llevarte a ver a un Dios machista, y el contexto entendido e investigado nos ayuda a ver y explicar esto claramente.

> Dios reivindica contraculturalmente, redime inesperadamente, liberta definitivamente, y rescata inexcusablemente.

Ejercicio de aplicación

Hagamos un ejercicio de memorización. Escribe este versículo en una hoja varias veces y memorízalo: «Entonces Pedro les dijo: "Arrepiéntanse y sean bautizados cada uno de ustedes en el nombre de Jesucristo para perdón de sus pecados, y recibirán el don del Espíritu Santo. Porque la promesa es para ustedes y para sus hijos y para todos los que están lejos, para tantos como el Señor nuestro Dios llame"» (Hech. 2:38-39).

Al final del libro, leeremos la secuencia de varios pasajes a través de toda la Biblia. En cada capítulo quiero animarte a leer los pasajes completos y meditar en ellos. Lee Oseas 1–4, Joel 2, Amós 5, Jonás 3, Miqueas 3 y 6, Hageo 1, Zacarías 6 y Malaquías 3 y responde la siguiente pregunta:

¿Cuál es el contexto: los personajes y los lugares que ves en los pasajes?

a. Oseas 1:2

____

____

b. Joel 2:11-12

____

____

c. Amós 5:6-7

____

____

d. Jonás 3:4-5

____

____

e. Miqueas 3:1-2; 6:2, 8

____

____

f. Hageo 1:13-14

____

____

g. Zacarías 6:12-13

____

____

h. Malaquías 3:1-2

____

____

6
El método importa

palabras clave: método, herramientas, observar, atención, cuidado, inducción, deducción

... porque Esdras había dedicado su corazón a estudiar la ley del Señor, y a practicarla, y a enseñar Sus estatutos y ordenanzas en Israel (Esdras 7:10).

Estaba frustrada en la cocina, tratando de completar la hazaña de hacer suspiro, también conocido como turrón o merengue italiano. ¡Tenía un gran antojo de pastel dominicano para mi cumpleaños y estaba a 13.000 km de mi tierra! Después de horas en YouTube, poca paciencia y demasiados huevos desperdiciados, decidí llamar a mi prima Jecenia, que hace los mejores pasteles del mundo. ¿Qué fue lo primero que me dijo? «Dime paso a paso cómo lo estás haciendo». Tenía los ingredientes correctos, en la medida correcta, pero mi problema era el método. Esto del método no solo se aplica a los pasteles; también importa al acercarnos a la Biblia. El método importa.

¿Qué es un método? Según la Real Academia Española, el método es: «1) Modo de decir o hacer con orden; 2) modo de obrar o proceder, hábito o costumbre que cada uno tiene y observa».[1] El método es el criterio utilizado para realizar una tarea, con un orden específico. Al leer la Biblia, todos tenemos un método, aunque no lo llamemos así.

---

[1] Real Academia Española, «método». Último acceso: 9 de abril de 2024. https://www.rae.es/desen/método#

OBSERVAR CON CUIDADO PARA VER LA IMAGEN COMPLETA

El país donde vivo, Guatemala, es un país exportador de café. En la ciudad de Guatemala, abundan los cafés con distintas formas o métodos. Muchas personas se especializan en esto y dedican su vida y todo su día de trabajo a preparar una excelente taza de café. El café que conlleva buenos métodos, a mis ojos, es caro, tedioso e innecesario. Mis amigos que aman el café pensarán que perdí la cabeza. Me encanta el café, pero no para invertir tanto trabajo y tiempo como para esperar y medir la temperatura perfecta de ebullición del agua, pesar filtros y colocar el café, tener en cuenta el tueste, la molienda y un sinfín de detalles al respecto.

Algo similar nos pasa con la Biblia. Mientras más amemos conocer a Dios a través de la Palabra, más tiempo, esfuerzo, detalle y enfoque estaremos dispuestos a invertir. Más querremos aprender formas y habilidades, y más buscaremos recursos diligentemente para poder entender Su Palabra, toda Su Palabra. Nadie haría una taza de café delicioso y lo dejaría sin terminar, a menos que no esté delicioso. La Palabra de Dios es siempre deliciosa, y dependiendo del método, nos tomará tiempo y cierto orden para poder extraer el más claro y fiel significado de las Escrituras. En 2 Timoteo 2:1-7, Pablo dice:

> Tú, pues, hijo mío, *esfuérzate* en la *gracia* que hay en Cristo Jesús. Y lo que has oído de mí en la presencia de muchos testigos, eso encarga a hombres fieles que sean capaces de *enseñar también a otros. Sufre penalidades conmigo, como buen soldado de Cristo Jesús.* El soldado en servicio activo no se enreda en los negocios de la vida diaria, a fin de poder agradar al que lo reclutó como soldado.
>
> También el que compite como atleta, no gana el premio si no compite de acuerdo con las reglas. El labrador que trabaja debe ser el primero en recibir su parte de los frutos. Considera lo que digo, pues el Señor te dará entendimiento en todo (énfasis añadido).

Este pasaje representa un llamado al esfuerzo para entender, estudiar las Escrituras y profundizar en ellas. Representa tanto esfuerzo que es casi sufrimiento. ¿Cuántos estamos dispuestos a dedicarnos así?

LA BIBLIA COMPLETA

Generalmente, al tener un rico café, también nos tomamos nuestro tiempo para consumirlo, ya sea una taza pequeña de expreso o una taza grande de americano. Cuando algo es delicioso, te lo quieres tomar completo, pero en el caso de la Biblia, nos cuesta. Es difícil ver toda la Escritura como deseable. El Salmo 119:18 dice: «Abre mis ojos, para que vea las maravillas de Tu ley». Esta debe ser una oración, una rogativa y un esfuerzo individual de cada una de nosotras y también de la comunidad, de la iglesia de Cristo como «la iglesia del Dios vivo, columna y sostén de la verdad» (1 Tim. 3:15).

Necesitamos ser humildes y saber explicar a otros de manera sencilla las verdades de Dios. Si no puedes articularlo de manera sencilla y concisa, probablemente no has entendido el texto. Si te humillas ante Dios, lo entenderás más claramente, porque Él estará cercano para que así lo veas. Veamos algunos versículos, en los cuales me he tomado la libertad de subrayar o resaltar algunas palabras y frases, que nos apuntan a la necesidad de profundizar para conocer toda la Escritura, desde Génesis hasta Apocalipsis. Cada creyente que tenga estos versículos disponibles podrá ponerlos a disposición de otros también. Leámoslos y meditemos en ellos:

> Y se dirá: «Construyan, construyan, preparen el camino, quiten los obstáculos del camino de Mi pueblo». Porque así dice el Alto y Sublime que vive para siempre, cuyo nombre es Santo: «Yo habito en lo alto y santo, y también con el contrito y humilde de espíritu, para vivificar el espíritu de los humildes y para vivificar el corazón de los contritos (Isa. 57:15).
>
> ... Esdras había *dedicado su corazón* a estudiar la ley del Señor, y a practicarla, y a enseñar Sus estatutos y ordenanzas en Israel (Esd. 7:10, énfasis añadido).
>
> Vayan, pues, y hagan discípulos de todas las naciones, bautizándolos en el nombre del Padre y del Hijo y del Espíritu Santo, *enseñándoles a guardar todo lo que les he mandado*; y ¡recuerden! Yo estoy con ustedes todos los días, hasta el fin del mundo (Mat. 28:19-20, énfasis añadido).
>
> Que la palabra de Cristo habite en abundancia en ustedes, con toda sabiduría enseñándose y amonestándose unos a otros con salmos, himnos y canciones espirituales, cantando a Dios con acción de gracias en sus corazones (Colosenses 3:16).

> Por tanto, si alguien se limpia de estas cosas, será un vaso para honra, *santificado, útil* para el Señor, preparado para toda buena obra (2 Tim. 2:21, énfasis añadido).
>
> Toda Escritura es inspirada por Dios y útil para enseñar, para reprender, para corregir, para instruir en justicia, a fin de que el hombre de Dios sea perfecto, equipado para toda buena obra (2 Tim. 3:16).
>
> Por tanto, dejando las *enseñanzas elementales* acerca de Cristo, *avancemos hacia la madurez,* no echando otra vez el fundamento del arrepentimiento de obras muertas y de la fe en Dios (Heb. 6:1, énfasis añadido).

J. I. Packer, un gran pastor y teólogo cristiano, dijo:

> Si yo fuera el diablo, mi meta principal sería evitar que las personas profundicen en la Biblia. Sabiendo que es la Palabra de Dios, la cual le enseña al hombre cómo amar y servir a Dios, me entregaría de lleno a la tarea de impedirles leer y estudiar la Palabra de Dios. ¿Cómo? Distraería a la congregación de la predicación y la enseñanza de la Biblia, y esparciría el sentimiento de que estudiar este libro antiguo es muy difícil y que está bien si no lo intentan. Los haría dudar de la verdad y la relevancia de la Biblia y querría que dejen de usar sus mentes. Si viera el estado de la iglesia en el día de hoy, pensaría: «Buen trabajo».[2]

A continuación, puedes ver una gráfica que te explica mejor la idea:

Requerimos tiempo, esfuerzo y comunidad como elementos básicos para el estudio de la Biblia

[2]Whitney, Donald S., *Spiritual Disciplines for the Christian Life* (Carol Stream, IL: NavPress, 2014), pág. 305, edición para Kindle.

DEDUCTIVO E INDUCTIVO

Existen dos métodos o formas de acercamiento a las Escrituras que quiero resaltar. Hay muchos más, pero en mi experiencia, la mayoría de los métodos de estudio se fundamentan en alguna de estas dos formas o enfoques para aproximarnos a la Palabra de Dios.

El enfoque deductivo

En el enfoque deductivo, uno se acerca al texto con una tesis, un pensamiento o idea preconcebida, y después busca pasajes para apoyar esa tesis. Hasta cierto punto, uno ha sacado conclusiones antes de haber leído el texto completo de la Escritura en contexto. Le dicto a la Escritura lo que estoy buscando que compruebe, en lugar de dejarla hablar.

El enfoque inductivo

En el enfoque inductivo, procuramos dejar a un lado las ideas preconcebidas y colocar un fundamento de observaciones. En esta aproximación, las conclusiones son obtenidas de lo que uno ha observado. Un análisis profundo del contenido llega a ser la base de las conclusiones. Uno deja a las Escrituras hablar por sí mismas. Entonces vemos que Dios, como Rey del mundo, se ha revelado no solo a través de Su Palabra escrita, sino también en forma humana, encarnándose y revelándose en Cristo. Para entender, veamos el significado de un texto a la luz de toda la Biblia. Por ejemplo, leemos en 2 Timoteo 3:16-17:

> *Toda Escritura* es inspirada por Dios y útil para enseñar, para reprender, para corregir, para instruir en justicia, a fin de que el hombre de Dios sea perfecto [completo], equipado para toda buena obra (énfasis añadido).

Toda la Biblia tiene el propósito de apuntar a Cristo y Su restauración de todas las cosas, no solo del hombre. Dios sigue cuidando y le importa toda Su creación. Dios se revela a sí mismo. Esto es emocionante. Tienes la capacidad de entender tu Biblia y, por tanto, de entender cada día más a Dios y ser movida a una adoración más verdadera. Solo en la medida que lo conozcas en espíritu y verdad, podrás adorarlo en espíritu y verdad.

No se puede agradecer lo suficiente en la historia de los últimos sesenta años de cristianismo al Dr. Robert Traina, del Seminario Bíblico de Nueva York y el Seminario Teológico de Asbury, en cuanto al uso del método inductivo en todos los ámbitos de estudio de la Biblia, ya sea para creyentes, laicos, académicos, teólogos, pastores y escritores.

Howard Hendricks es otro teólogo y maestro bíblico que desarrolló algunos principios que quiero explicar y aplicar a nuestro contexto. Estos principios han sido presentados por otros, pero recomiendo la labor original de Hendricks en articular la mayoría de ellos de esta manera.[3] Tenemos mucho que agradecer a estos hombres en cuanto a la guía de la aproximación inductiva al estudio de la Biblia, accesible, adaptable y aplicable a cualquier creyente.

Llega a la Biblia con la intención de *entender* y no de *comprobar* tus opiniones o ideas. Esto es reverencia. Acércate al texto de la Palabra buscando que el Dios del universo te hable, y que puedas escucharlo con humildad y reverencia en Su Palabra. No busques que Dios te escuche justificar lo que piensas o quieres decir, usándolo a Él. Eso, en el caso más inocente, es ignorancia; en el peor de los casos, es arrogancia e irreverencia espiritual.

Lee buscando entender. ¿No te ha pasado que estás hablando con alguien, pero sabes que su mente está en otro lado? Para entender la Biblia, necesitamos detenernos, escuchar y enfocarnos. Precisamos ver qué está diciendo el texto, buscar como un detective, deteniéndonos a observar los detalles que nos den claridad sobre la historia, el propósito o idea del libro que estemos leyendo, etc.

A veces, nos acercamos a la Biblia buscando una promesa para nuestra vida. Pero tal vez Dios quiere que estudiemos un pasaje acerca del arrepentimiento de algún pecado. ¿Qué haces cuando lees versículos así? ¿Cambias de capítulo? Puedes hacer como que no lo entiendes, pero el mensaje está claro. En ese momento, tu Padre bueno entiende y provee una corrección a través de Su Palabra. Te recomiendo que

---

[3] West, Robert M., *6 Important Bible Study Methods.* https://www.barbourbooks.com/articles/howtostudythebible

leas varias veces en la Biblia el libro completo, el texto, el capítulo, el párrafo (perícopa), la oración o las palabras cuantas veces sea necesario hasta que tus ojos vean y tu mente entienda no solo las palabras, sino también la historia, el tono y la intención del autor que está hablando.

Lee con paciencia. Para llegar a las profundidades de la Palabra, hacen falta tiempo y paciencia, como cuando preparamos una taza de café de método. Sin embargo, es una invitación para todos.

Lee con reverencia. Busca entender lo que Dios y el autor humano están diciendo y no lo que quieres escuchar o lo que otros te dicen que debe decir. Busca entender para obedecer. No queremos poner palabras o acciones en Dios que no sean suyas.

En la medida de lo posible, usa tu imaginación. Imagina el tono, la emoción, ponte en los zapatos de los personajes, no leas o estudies como si se tratara de una receta médica o un obituario. Por favor, lee la Biblia con la voz de Dios.

Medita. Toma tiempo para pensar y procesar. No lo veas como una tarea cristiana más que debes marcar como terminada en tu día.

Pon en práctica: Sé hacedora de aquello a lo cual el texto te llama. Cambia la forma de pensar acerca de Dios, de ti o del mundo, o acerca de los demás o un grupo de personas que Dios hace.

Relaciona: Piensa en paralelos de cómo se relaciona lo que estás leyendo con otros textos bíblicos. El Antiguo Testamento se interpreta con el Nuevo Testamento, que hace más claras muchas cosas. El Nuevo Testamento está oculto en el Antiguo Testamento, pues toda la Escritura apunta a Cristo.

Cualquier creyente, en cualquier parte del planeta, debe estar equipado por la iglesia de Cristo para crecer como discípulo y hacer discípulos. Todo esto inequívocamente desde la Biblia misma, libro por libro. No hay ningún libro de la Biblia fuera del límite de entendimiento de cualquier creyente. Todo creyente debe crecer en el entendimiento de toda la Escritura, libro por libro. Estoy convencida de que cada iglesia debe tener algún tipo de plan de estudios que exponga a la congregación local cómo entender toda la Escritura libro por libro: series de sermones, seminarios panorámicos de la Biblia, escuela dominical, grupos pequeños, institutos bíblicos, foros de Biblia, clases de hermenéutica o interpretación bíblica. Cada iglesia local debe buscar cómo alimentar a sus ovejas de toda edad, contexto y nivel educativo para que conozcan toda la verdad de Dios y puedan obedecer toda la verdad de Dios en cada iglesia alrededor del mundo.

No hay un creyente en el mundo que no necesite entender la Palabra, toda la Palabra. Algo que puedes hacer es escribir todo lo que notas de un pasaje: tus preguntas, las emociones que evoca, lo que te recuerda, cómo lo conectas con una situación de la vida diaria. Tomar notas, escribirlas en papeles adhesivos o en un diario o cuaderno aparte tiene un valor incalculable en tiempos tumultuosos; permite recordar las verdades de Dios provenientes de tiempos tranquilos. Las sugerencias mencionadas más arriba te podrán ayudar en tu estudio. Inicia por una y sé consistente. Lo importante es que hagas algo y empieces a estudiar la Biblia.

Ejercicio de aplicación

Hagamos un ejercicio de memorización. Escribe este versículo en una hoja varias veces y memorízalo: «porque Esdras había dedicado su corazón a estudiar la ley del Señor, y a practicarla, y a enseñar Sus estatutos y ordenanzas en Israel» (Esd. 7:10).

Lee paciente y reverentemente los siguientes capítulos: Mateo 26–27, Marcos 9–10, Lucas 18–19, Juan 14–15; 19–20, y responde la siguiente pregunta:

¿Qué puedes observar en el pasaje sobre Dios, el ser humano y el contexto?

a. Mateo 27:37

____

____

b. Marcos 10:45

____

____

c. Lucas 19:10

____

____

d. Juan 20:30-31

____

____

e. Juan 14:6-7

____

____

7
Leer para entender

palabras clave: leer, entender, observar, ver, escudriñar, examinar, detenidamente, diligentemente

A todo el que oye la palabra del reino y no la *entiende,* el maligno viene y arrebata lo que fue sembrado en su corazón. Este es aquel en quien se sembró la semilla junto al camino [...] Pero aquel en quien se sembró la semilla en tierra buena, este es el que oye la palabra y la *entiende*; este sí da fruto y produce, uno a ciento, otro a sesenta y otro a treinta por uno (Mateo 13:19, 23, énfasis añadido).

Entonces les dijo: «¿Aún no *entienden*?» (Marcos 8:21, énfasis añadido).

En un entrenamiento que estábamos llevando a cabo en Mongolia, teníamos plantadores y misioneros que se habían reunido para aprender cómo enseñar a otros. Hicimos un ejercicio con la carta a Filemón. Para la observación, marcamos un primer paso y es el que más enfatizamos en una aproximación inductiva: ver qué dice el texto y entenderlo antes de avanzar a buscar un significado. Primero, leemos toda la carta, lo cual toma menos de cinco minutos. En esta ocasión, para ver si estaban entendiendo, pedí a un voluntario que me contara en sus propias palabras cuál era la historia. ¿Qué estaba pasando en la carta?

Un valiente y dulce hermano evangelista, que leía la carta por primera vez, dijo que entendía que Onésimo era hijo de Pablo; que él lo había tenido en la cárcel, literalmente. Te invito a leer la carta. Después de hacerle varias preguntas del libro de los Hechos, de la conversión de Pablo y del resto del Nuevo Testamento, pude explicar con algunas preguntas por qué Onésimo era un «hijo» espiritual, pero no de la carne. Parece chistoso, pero esto resume lo que pasa con la mayoría de los creyentes. Muchas veces, leemos, pero no entendemos bien lo que a simple vista está en el texto y lo que el resto de las Escrituras claramente explican.

Cuando leemos la Biblia, nos cuesta reconocer lo que no entendemos. Llegamos a ser líderes y, en lugar de reconocer lo que no sabemos, buscamos repetir opiniones o lo que escuchamos de otros en lugar de ir a la Biblia y simplemente, como primer paso, entender *qué dice el texto*. No necesitamos inventar. El texto bíblico explica al texto bíblico. Pero, en ocasiones, necesitamos que alguien nos muestre cómo hacer esto. El primer paso es entender el panorama general de lo que está pasando en la historia de un individuo o grupo de personas en particular, obtener una vista panorámica de los eventos que lo enmarcan, las situaciones e historia circundantes.

¿POR QUÉ LEEMOS Y NO ENTENDEMOS LA BIBLIA?

No existe una razón aislada. Hay varias razones por las que no entendemos la Biblia, y las vemos en las mismas Escrituras. Quiero presentarte tres:

No tener el hábito de leerla. Para poder entender la Biblia, tienes que separar el tiempo y hacer el esfuerzo de leerla. Es el primer paso.

Entendimiento entenebrecido. ¿Qué significa esta expresión? Significa que el ser humano, en su orgullo, ha rechazado a Dios, quien es el único que puede otorgarle arrepentimiento. Al rechazarlo, los seres humanos no tienen cómo salir de su locura y necedad. Hay quienes aún no son creyentes y no tienen al Espíritu Santo, y muchos están sentados en nuestras iglesias por años. Muchos están sirviendo en ministerios y algunos incluso son pastores, y tristemente, he conocido personas así.

Una distinción vital entre creyentes y no creyentes es su capacidad de entendimiento. Un cristiano verdadero nunca podrá estar en la categoría de tener «entenebrecido su entendimiento» (Ef. 4:18), porque

Cristo dejó la promesa del Espíritu Santo a todos los que fueran Sus hijos (Juan 14:14-24). Así que, si estás en Cristo, si has rendido tu vida completamente a Él, no solo porque asistes a la iglesia sino porque de corazón has creído en Jesús y reconoces que solo Él puede ser Señor sobre tu vida por Su sacrificio, eres Su hijo. El Espíritu Santo mora en ti y, por tanto, Él cumplirá todas Sus promesas y te guiará a toda verdad iluminando tu entendimiento para que entiendas Sus palabras (Juan 16:13). Por eso hacemos tanto énfasis en que la fe viene por el oír (Isa. 55:1-3; Rom. 10:17) e implica oír para entender lo comunicado. No solo una transmisión de palabras, sino una forma de oír que lleva a la acción de creer y obedecer la Palabra, por fe. Parecería algo natural, pero es completamente sobrenatural cuando se trata de creer el evangelio y la Palabra de Dios. Pablo lo explica así en 2 Corintios 3:14: «Pero el entendimiento de ellos se endureció. Porque hasta el día de hoy, en la lectura del antiguo pacto el mismo velo permanece sin alzarse, pues solo en Cristo es quitado».

Nadie te ha explicado toda la Escritura. El eunuco le dijo a Felipe que era lógico que no entendiera si nadie le explicaba. A veces, nuestro discipulado se mira como muchas ideas doctrinales de nuestra denominación, traspasadas a manera de dichos de una generación de creyentes a otra. Esto no está mal. Sin embargo, lo primero que un creyente necesita en su crecimiento es una lectura a través de la Biblia, libro por libro, hasta ir por toda la Escritura. Al final de este capítulo, te comparto un plan de lectura que diseñé, adaptable para el discipulado de cualquier creyente.

Es de vital importancia que en Cristo podamos comunicar la verdad, y te ruego que examines tu vida. Si tienes este libro en tus manos y, al llegar a este párrafo, te das cuenta de que tal vez no eres creyente, que has vivido un cristianismo cultural, que tu vida no está completamente rendida a Cristo, que no entiendes nada de la Biblia aunque tienes años escuchándola y te sientes completamente incapaz de obedecer los mandamientos de la vida cristiana porque te parecen imposibles, déjame decirte que es momento de parar y examinar. El Espíritu Santo que recibimos al momento de nuestra conversión nos capacita para entender toda verdad (Juan 16:13), y es imposible que un cristiano que se dedica a intentar entender la Biblia y estudiarla no llegue a entenderla y responder en obediencia a la misma.

TÚ, YO Y EL EUNUCO

Esta historia de Hechos 8:26-40 me resulta fascinante. Te invito a observar y pensar en qué preguntas se hacen en el texto y quién las hace. De la historia de Felipe y el etíope eunuco aprendemos varios principios.

> Un ángel del Señor le dijo a Felipe: «Levántate y ve hacia el sur, al camino que desciende de Jerusalén a Gaza». Este es un camino desierto. Él se levantó y fue. Y había un eunuco etíope, alto oficial de Candace, reina de los etíopes, el cual estaba *encargado de todos sus tesoros,* que había venido *a Jerusalén para adorar.* Regresaba a su país sentado en su carruaje, *y leía al profeta Isaías.* Y el Espíritu dijo a Felipe: «Ve y júntate a ese carruaje».
>
> Cuando Felipe *se acercó corriendo,* le oyó leer al profeta Isaías, *y le preguntó: «¿Entiende usted lo que lee?».* El eunuco le respondió: *«¿Cómo podré, a menos que alguien me guíe?».* E invitó a Felipe a que subiera y se sentara con él. El pasaje de la Escritura que estaba leyendo era este:
>
> «Como oveja fue llevado al matadero;
> Y como cordero, mudo delante del que lo trasquila,
> No abre Él Su boca.
> En Su humillación no se le hizo justicia;
> ¿Quién contará Su generación?
> Porque Su vida es quitada de la tierra».
>
> El eunuco le dijo a Felipe: «Le ruego que me diga, ¿de quién dice esto el profeta? ¿De sí mismo, o de algún otro?». Entonces Felipe, comenzando con este pasaje de la Escritura, le anunció el evangelio de Jesús. Yendo por el camino, llegaron a un lugar donde había agua; y el eunuco dijo: «Ahí hay agua. ¿Qué impide que yo sea bautizado?». Y Felipe le dijo: «Si usted cree con todo su corazón, puede». «Creo que Jesucristo es el Hijo de Dios», respondió el eunuco.
>
> Y mandó parar el carruaje; ambos descendieron al agua, y Felipe lo bautizó. Al salir ellos del agua, el Espíritu del Señor arrebató a Felipe; y no lo vio más el eunuco, que continuó su camino gozoso. Pero Felipe se encontró en Azoto, y por donde pasaba, anunciaba el evangelio *en todas las ciudades, hasta que llegó a Cesarea* (énfasis añadido).

Observa que el etíope hace más preguntas que Felipe. Esto revela no solo una actitud humilde de un hombre con trasfondo altamente educado y alta posición política. También revela la paciencia que hay en Felipe para poder explicar el texto. Felipe no da por sentado que el etíope entiende el trasfondo de lo que está diciendo. Entonces, el etíope se bautiza como respuesta a entender las buenas nuevas.

Ahora, en cuanto al contexto y al tiempo en que esto está sucediendo, ya Cristo había ejercido Su ministerio, había sido crucificado, había resucitado, ascendido al cielo y el Espíritu Santo había venido sobre los creyentes. El etíope venía leyendo la Biblia, pero reconoció que necesitaba que alguien le explicara para poder realmente entender. Así que el Espíritu que inspiró la Palabra llevó a Felipe para que, al explicarle el pasaje bíblico (que providencialmente era Isaías 53), el etíope entendiera. El entendimiento claro de la Biblia siempre será producto de la iluminación del Espíritu Santo, quien a su vez escoge, en la mayoría de las ocasiones, instrumentos humanos para explicar la Palabra a otros, dentro de Su soberana voluntad para edificar a la iglesia a través de Sus santos.

Si vas a estudiar este pasaje, algunas cosas que podrías hacer (y te invito a hacerlas) podrían ser: buscar mapas de las ciudades, mirar las distancias y ver qué representaban los personajes.

Algunas observaciones: el etíope no solo tenía una posición de alto funcionario, sino también la preparación y el intelecto necesarios para hacer el trabajo de director de hacienda y finanzas para Etiopía. Por tanto, su respuesta parte de una postura de humildad. Una cualidad imprescindible para entender es estar dispuesto a comprender en lugar de probar nuestro punto o sostener presunciones. El etíope no quiso encubrir lo que no entendía; reconoció su necesidad de que alguien lo guiara para entender bien. *En la gracia de Dios, el etíope respondió con humildad, y esto lo llevó a la transformación.*

PRINCIPIOS PARA ENTENDER

Cuando hablamos de principios para entender la Biblia, buscamos pensar en las guías que nos ayudarán no solo a entender lo que significa, sino entenderlo bien. Por ejemplo, en distintos países de Latinoamérica, donde todos hablamos el mismo idioma, existen palabras que no son malas en algunos países y que son terribles insultos en otro. De esto no daré ejemplos. Sin embargo, hay palabras que, dependiendo del contexto y tono con que se digan, pueden ser terribles dentro de nuestra propia cultura. Una expresión similar puede ser algo tan sencillo como: «tu madre». Si digo que «tu madre es muy linda» con una sonrisa y tono suave, entenderás que es un halago. Sin embargo, si solo digo: «¡Tu madre!», con otro tono, es insulto. Todo depende del contexto, tono e intención. Al leer la Biblia, esto ocurre en muchas instancias. Por eso necesitamos leerla como literatura y no como algo literal.

Algunas cuestiones más específicas que nos ayudan en la observación es hacerle preguntas al texto y deshacer ideas preconcebidas para entender sin obstáculos lo que dice el texto. Tal vez puedes preguntarte: «Pero ¿los mandatos no son literales?». Sí y no. Más bien, ¡depende! ¿De qué? Principalmente de la audiencia. La respuesta a la cuestión de los mandatos bíblicos es la audiencia. ¿A quién se les estaban dando? Un ejemplo claro es cuando habla Jesús.

La mayoría de nosotros vamos a la Biblia con ideas preconcebidas. Al ver el texto anterior, he escuchado a muchas personas enfocarse en el milagro de cómo el Espíritu llevó a Felipe al eunuco. He tenido amigos que oraron por algo así y escucharon a personas que afirman haber tenido experiencias similares. Pero esas son ideas preconcebidas, pues ese no es el punto central del texto. El eunuco conocía al Dios de los judíos, pero en ese momento, para ser salvo, necesitaba la revelación completa: reconocer al Jesús resucitado como el Mesías, el Hijo de Dios. Dios lo llevó.

¿A quién o de quién se está hablando? Al leer los Evangelios, veo constantemente esa confusión. Hablamos acerca de los discípulos como si fueran todos los que creían en Jesús. En los Evangelios, vemos diversas audiencias. En un momento, Jesús les está hablando a los doce; de repente, les habla a los discípulos y, un versículo más tarde, les habla a las multitudes, a los fariseos, saduceos, escribas o a los sacerdotes. En cada instancia, es importante saber a quién le está hablando, porque esto nos permitirá entender con más claridad por qué les dice lo que les dice y saber cuándo es literal o cuándo está usando una frase idiomática, una ilustración o una situación de la época. Profundizar en el significado para ellos en ese entonces nos permitirá saber con más claridad qué podría aplicarse a nosotros hoy y qué no.

La realidad es que Judas era un discípulo, uno de los doce, y no creía en Jesús para salvación. Y al leer la historia, nos damos cuenta de que todos los discípulos abandonaron a Jesús, pero, a excepción de Judas, regresaron arrepentidos a Él. De hecho, ¡Judas fue usado por Dios y echó fuera demonios, y no era salvo! Recuerda la advertencia de Jesús a las multitudes que encontramos en Mateo 7:15-23. Judas también estaba escuchando, pero quienes estaban más cerca de Él eran los discípulos. Estas palabras fueron:

> «Cuídense de los falsos profetas, que vienen a ustedes con vestidos de ovejas, pero por dentro son lobos rapaces. Por sus frutos los conocerán. ¿Acaso se recogen uvas de los espinos o higos de los cardos? Así, todo árbol bueno da frutos buenos; pero el árbol malo da frutos malos. Un árbol bueno no puede producir frutos malos, ni un árbol malo producir frutos buenos. Todo árbol que no da buen fruto es cortado y echado al fuego. Así que, por sus frutos los conocerán.
>
> »No todo el que me dice: "Señor, Señor", entrará en el reino de los cielos, sino el que hace la voluntad de Mi Padre que está en los cielos. Muchos me dirán en aquel día: "Señor, Señor, ¿no profetizamos en Tu nombre, y en Tu nombre echamos fuera demonios, y en Tu nombre hicimos muchos milagros?". Entonces les declararé: "Jamás los conocí; apártense de Mí, los que practican la iniquidad"».

De igual manera, los demonios creen y tiemblan, pero no se someten a Dios. Así que la diferencia entre un cristiano confesante (el que dice ser cristiano) y un cristiano verdadero (el que realmente ha conocido a Cristo) es su sumisión a Cristo. No solo crees que Cristo puede hacer milagros, sino que realmente vives y crees que todo lo que Dios dice que debes hacer, lo debes hacer y vivir en consecuencia. Prestar atención a los detalles en el texto nos permite ponernos en ese lugar y hacer estas conexiones. Pero lo primero es siempre leer para entender: ¿quiénes lo están oyendo? ¿Dónde? ¿Qué ocurrió antes y después? ¿Con qué otros eventos, acciones o personajes observamos paralelos?

En el Instituto Reforma, hemos propuesto y compilado varios principios hermenéuticos comunes que nos ayudan en la observación y que me gustaría compartir contigo:

- La Biblia se interpreta con la Biblia.
- Los textos oscuros o difíciles se interpretan a la luz de los textos bíblicos más claros o evidentes.
- Cristo y Su obra (el evangelio) son el ancla teológica de la Biblia. La Biblia trata de Jesús, no de nosotros.
- Contexto: «Un texto fuera de contexto es un pretexto».

> En la gracia de Dios, el etíope respondió con humildad, y esto lo llevó a la transformación.

TRES PASOS DEL ESTUDIO INDUCTIVO

Los tres pasos del estudio inductivo son observación, interpretación y aplicación. A continuación, te detallo cada uno.

En la observación, lo importante no solo es mirar las palabras y las oraciones que se están leyendo; buscamos entender lo que se lee. Preguntamos: ¿qué *dice* el texto? (Hech. 8:30). La observación es el primer paso del método inductivo; es decir, de buscar detenidamente claves *dentro* de la Biblia para entenderla y no traer nuestras ideas preconcebidas o tesis y querer probarlas con el texto.

Al traer ideas preconcebidas a nuestra lectura, corremos el peligro de acercarnos a la Escritura forzando la Biblia o manipulándola para que diga lo que yo quiero y no lo que Dios quiere decir. No podemos hablarle a la Biblia; debemos escucharla.

Observación *no* es determinar *lo que el texto significa*; ese es el siguiente paso. Primero, necesitamos mirar con detenimiento pensando en lo leído *para ver claramente lo que dice*. La observación ayuda a familiarizarse con el texto antes de pasar a interpretarlo. Tampoco puedo colocarme en el centro de la observación. Necesito leerlo para las personas a quienes se está hablando en ese momento histórico específico. A esto le llamamos la *audiencia original,* donde yo no estoy en el centro.

La observación nos invita a responder la pregunta de si entendemos lo que estamos leyendo.

- ¿Cuál es el punto?
- ¿Qué quiere mostrar el autor?
- ¿Qué afirma, niega, prohíbe, advierte, manda o narra el texto?
- ¿Quién o quiénes están involucrados o a quién está dirigido el texto?

Esto es sumamente importante porque nos reta a ir más allá de nuestras presuposiciones, de lo que creemos saber o entender, y nos demanda ver la Biblia por lo que dice y no por lo que queremos que diga o lo que siempre hemos pensado que dice. La observación siempre pide: «Mira, mira, mira, hasta que el mirar se convierta en ver claramente y entender».

PROGRESIÓN DEL ARGUMENTO O LÍNEA DE PENSAMIENTO

¿QUÉ DICEN LOS TEXTOS ANTES Y DESPUÉS?

Antes de dar una mirada detallada al texto, es importante primero captar la idea general o el panorama del texto. Generalmente, puedes resumir el párrafo en tus propias palabras.

Cuando estudies un libro, lee el libro entero en una sesión. Toma un té o un café, separa las horas que necesites para leer y lee de una sentada un libro de la Biblia. Además, leerlo en voz alta y sin distracciones te ayudará a retener y ver más de lo que has hecho hasta ahora por el simple hecho de no cortar el texto.

Howard Hendricks usa la ilustración de que observar es como ser un detective. Para resolver el caso, primero necesitas poner los cimientos y buscar pistas. Solo entonces se puede llegar a conclusiones. No se parte de conclusiones y se busca cómo justificarlas. De igual forma, para entender pasajes de las Escrituras, primero necesitamos reunir los hechos y poner un sólido fundamento de observación antes de movernos a la interpretación. Las preguntas de observación son como llaves que abren el texto y nos ayudan a ver realmente lo que está pasando.

- ¿Qué dice el texto acerca de Dios?
- ¿Qué dice Dios acerca de la situación?

También toma en cuenta que hay observaciones generales y otras más específicas. Siempre trata de entender lo general antes de buscar entender los detalles o las cosas específicas solo por creer que eso es ser más espiritual. Lo más espiritual no es tener nueva revelación, sino obedecer la Palabra, porque eso es lo que te hace como Jesús. Nuevamente, Judas estuvo con Dios hecho hombre y esa revelación no lo hizo obediente a Cristo. No caigamos en la tentación de ser como él.

Las observaciones generales las respondemos acerca del libro, los capítulos o los párrafos. Es vital que siempre vayamos de leer lo general a enfocarnos en lo específico.

Para entender esto, veremos una ilustración en el diagrama siguiente, de la columna derecha a la izquierda, con un bosquejo de la estructura de lo más general a lo más específico del libro de Romanos[1].

¿Has visto alguna vez avances de películas? Tal vez has pensado que ver el avance es suficiente y que no hace falta ver la película o que ya sabes de qué se trata. Luego te sorprendes al ver la película y cómo algunas imágenes cortas de los avances te hicieron llegar a una conclusión incorrecta.

ROMANOS

Leeremos Romanos y aplicaremos lo que hemos visto, desarrollando cada punto:

Situación: Pablo le escribe a la iglesia conformada por congregaciones de cristianos judíos y gentiles. Entre ellos, están surgiendo disputas y discusiones acerca de la salvación. Pablo les aclara que todos están igualmente condenados en Adán, y todos igualmente salvados por gracia y justificados por Cristo. Nadie tiene ventajas sobre el otro. Pablo no había ido a Roma y no fue quien plantó la iglesia en esa ciudad prominente.

Idea general: Divisiones entre creyentes judíos y gentiles en cuanto a las bases de la salvación.

---

[1]Adaptado del trabajo personal realizado en la Escuela de Estudios Bíblicos (SBS), en Taipei, Taiwán, 2010.

ROMANOS: La salvación por fe en Cristo

Pasaje	Sección	Tema
1:1 Nadie tiene excusa por su pecado	Condenación	Teología de la salvación en Cristo
2:1 ¿Cómo pecaron los judíos?	Condenación	Teología de la salvación en Cristo
3:1 Todos pecaron	Condenación	Teología de la salvación en Cristo
3:21 Abraham y todos: justificados por fe	Justificación	Teología de la salvación en Cristo
5:1 Adán y Jesús: el hombre caído y Aquel que justifica	Justificación	Teología de la salvación en Cristo
6:1 Muertos al pecado	Santificación	Teología de la salvación en Cristo
7:1 La muerte de los judíos en la ley	Santificación	Teología de la salvación en Cristo
8:1 No hay condenación: el camino de la salvación	Santificación	Teología de la salvación en Cristo
9:1 La soberanía de Dios en la elección	Predestinación	Teología de la salvación en Cristo
10:1 El llamamiento de Dios y la salvación	Predestinación	Teología de la salvación en Cristo
11:1 Todos injertos por misericordia	Predestinación	Teología de la salvación en Cristo
12:1 No conformes a este mundo, renuévense	Exhortación	Práctica de vida en Cristo
14:1 Las bases del juzgar	Exhortación	Práctica de vida en Cristo
15:14 Pablo y su ambición santa: predicar a Cristo	Exhortación	Práctica de vida en Cristo
16:1 Saludos y reconocimientos	Exhortación	Práctica de vida en Cristo

Al leer la Biblia fragmentada o en porciones muy pequeñas, no vemos la imagen completa y la lógica de pensamiento en el argumento. Este es un riesgo cuando leemos porciones pequeñas de las Escrituras o nos enfocamos en ciertos libros y evitamos leer otros. Toda la Biblia es una historia compuesta por sesenta y seis libros. Todos los capítulos son relevantes y puestos con cada detalle por Dios mismo, con un propósito que es nuestro trabajo descubrir su importancia: las genealogías, las cronologías, incluso libros como Crónicas y Reyes, que parecerían a simple vista repetirse, y sin embargo están escritos desde dos perspectivas distintas. Todo esto es no solo relevante, sino que Dios determinó que fuera parte de Su revelación, y esto hace que los detalles y cada parte sean *importantes*.

- ¿Qué cosas observaste o captaron tu atención?
- ¿Notaste palabras o ideas que se repetían o se enfatizaban?
- ¿Viste algo que te resultó interesante o diferente?
- ¿Aprendiste alguna nueva verdad acerca de Dios o del ser humano?
- ¿Cuál crees que es la idea principal del libro? ¿Podrías describirla en una oración corta?
- ¿Qué conexiones o paralelos ves con otros pasajes del libro o con otros libros de la Biblia?

Identifica algunas figuras del lenguaje, figuras *literarias*, que ilustran el texto pero que no deben ser tomadas *literalmente*, como metáforas, analogías, ironía, comparaciones, progresiones, etc.

Una advertencia que quiero hacer es evitar leer porciones obviando el contexto o aplicar verdades bíblicas tomadas directamente de esa época a nosotros. El contexto literario se refiere a lo que va antes o después o a cuál es la línea de pensamiento o discurso. El contexto cultural se refiere a las costumbres de la época aceptadas o rechazadas en el tiempo de escritura. Debes preguntarte si Dios está apoyando, anulando o rechazando alguna práctica cultural. El contexto histórico se refiere a tomar en cuenta los eventos, la economía, la política, los gobiernos, las batallas militares y los cambios de poder políticos presentes o predichos que el texto menciona. El contexto teológico se refiere a lo que Dios establece y prohíbe, o las cosas que revela acerca de Su voluntad o naturaleza. Volviendo a nuestra ilustración, es como ver porciones de la película y esperar entender la trama. Necesitamos ver los detalles para llegar a una conclusión, tomando en cuenta la trama o historia general.

Algunas preguntas de observación que nos llevan a entender:

- ¿Hay palabras repetidas?
- ¿Hay ideas o temas repetidos?
- ¿De quién se está hablando?
- ¿Qué mandatos lees? Los mandatos no son sugerencias, aunque a veces el lenguaje utilizado sea de exhortación o ruego. Si son requerimientos de la Palabra de Dios, entonces es un mandato. Muchas veces, los mandatos empiezan con la siguiente frase:
    - Quiero que...
    - Les pido, les ruego...
    - Haz, hagan, haciendo...
    - Id, vayan, yendo...
    - Cualquier otro imperativo.
- ¿Dónde se desarrolla el texto? Lugares mencionados, referenciados, criticados, prohibidos.

Mientras lees, busca observar las siguientes cuestiones:

Promesas o predicciones: Mira a quiénes se les hace y qué promesas. En Hechos 16:31, Pablo le afirma al carcelero en Filipos que él y su casa serían salvos. Esta es una predicción para él específicamente, no para todo creyente. No está mal orar por la salvación de toda tu familia. Pero Dios no ha fallado a Su Palabra cuando no salva a todos los que amas. Otro aspecto a tomar en cuenta es el propósito de la promesa. ¿Son promesas u observaciones de la vida? El libro de Proverbios —y la literatura de sabiduría en general— está lleno de observaciones para la vida. También debes ver quién hace la predicción. ¿Viene de parte de Dios o no? ¿La hace un falso profeta o un profeta de Dios?

Preguntas retóricas: Es un tipo de preguntas que el autor hace confrontando a la audiencia sobre lo evidente que debe ser su respuesta. Romanos 8:31-39 tiene varias preguntas cuyo propósito es impactar a la audiencia y confrontarla con la respuesta evidente. También busca guiar a la audiencia a través de preguntas y llevarla a las respuestas que el autor está buscando.

Preguntas y respuestas: En Romanos 6:15-18, Pablo pregunta si no estar bajo la ley significa que pecaremos. Y en los versículos contiguos, da la respuesta. Jesús utilizó esta estrategia con Sus discípulos para hacerlos pensar. En Mateo 16:13-17, vemos otro ejemplo de pregunta y respuesta. Al analizar ese tipo de observaciones, es importante no separarlas, pues el mismo texto bíblico tiene una respuesta a la que está llevando a la audiencia; en muchos casos, una conclusión acerca de Dios.

Conectores: Esto da continuidad a las ideas. A veces, queremos estudiar un texto que inicia con un conector como «por tanto». Esto debe llevarnos a leer nuevamente la porción que la antecede, pues nos permitirá entender que lo que va después del «por tanto» es una respuesta o consecuencia de la idea anterior. Están conectadas y es importante analizarlas como un todo.

Contrastes: Adverbios como «pues», «mas» y «pero» contrastan párrafos e ideas. Pero, en otras ocasiones, los contrastes son más sutiles. En el libro de Jonás, existe un contraste a través de todo el libro entre ascender y descender. Existe un amplio contraste entre la misericordia que Dios expresa y que muestran los marineros paganos, y la dureza y el prejuicio que muestra el hombre de Dios, Jonás. También hay un contraste entre la dureza de corazón y la falta de arrepentimiento del profeta y el arrepentimiento rápido de los ninivitas.

Inicio y conclusión: Frases que inician una nueva situación o conversación y que llevan al final de la misma.

Progresiones: La manera en que los sucesos se van desarrollando y afectando a eventos posteriores. Por ejemplo, en Efesios 1–3, el autor argumenta las bases teológicas o lo que se conoce como el indicativo. Los tres primeros capítulos nos ayudan a responder la pregunta de «¿Qué acción busca el autor en la vida de los creyentes?». Tomamos en cuenta Efesios 1-3 con: la enseñanza del evangelio, los fundamentos o «doctrina básica», y vemos como esto los capacita para vivir de la manera que el mismo autor reta en los capítulos 4–6. En el texto, hay distintas progresiones que van de lo general a lo específico. También el autor puede poner una ilustración y luego explicarla, como hace Jesús en la parábola del sembrador. Otra manera es la enseñanza y luego la aplicación, como se observa en Gálatas, Romanos y la mayoría de las epístolas de Pablo.

Argumento del autor: Todo el libro de Romanos, del capítulo 1 al 11, presenta argumentos respecto a la salvación de gentiles y judíos. Estas porciones deben ser estudiadas como un solo discurso teológico antes de querer separarlo. La carta a Tito presenta una situación de una iglesia específica y los principios de orden que deben regular la vida de los creyentes de esta joven plantación. Sin embargo, leer porciones como si fueran tratados directos a problemas teológicos de hoy en día, fuera del contexto general, y hacer doctrina de partes específicas separadas del todo puede desviar el propósito y efecto de la carta en la vida de la iglesia y sus posibles aplicaciones hoy (Tito 1–3).

Tipo literario: Interpretar la literatura de sabiduría —es decir, los libros de Cantares, Eclesiastés y Proverbios— de la misma manera que los Evangelios nos desviará del propósito y el mensaje teológico del texto. Muchas veces, estas observaciones de sabiduría no hablan de cosas sobrenaturales futuras sino de consecuencias naturales de las acciones (por ej., Prov. 18:21). Ver estas porciones y usarlas como fórmulas mágicas no es fiel al uso correcto de las Escrituras.

Figuras del lenguaje: Nos ayudan a leer las palabras con énfasis.

Pronombres: Nos ayudan a ver de qué personaje se habla.

Énfasis: La repetición en la Biblia es utilizada para presentar énfasis. De igual forma, algunos imperativos nos muestran que en el texto Dios está llamando la atención de la audiencia.

Condicionales («si...»): Es importante ver si alguna promesa, predicción o afirmación está siendo condicionada al cumplimiento de las partes involucradas.

Ilustraciones: La parábola del rico y Lázaro es interpretada por algunos como una ilustración, no como un tratado doctrinal directo de la vida después de la muerte o, como también se la conoce, el estado intermedio (Luc. 16:19-31).

Listas: No todas las listas son exhaustivas en la Biblia. Es importante ver cómo una lista se complementa con otra. En el caso de los dones espirituales, vemos diversas listas a través de las Escrituras (Rom. 12:6-8; 1 Cor. 7:7; 12:4-11, 28; Ef. 4:11; 1 Ped. 4:9-11). Tomarlas como una jerarquización de posiciones o privilegios en la iglesia puede ser erróneo.

Sé que toda esta información puede parecer abrumadora. Quiero retarte a hacer una pausa en la lectura de este libro, abrir tu Biblia y escoger un libro. Puedes iniciar con Filemón o Tito. No importa el libro, pero te invito a intentarlo. Lee ese libro de una sentada y en voz alta. Trata de mantener en mente lo mencionado en este capítulo, y es mi oración que Dios abra tus ojos para ver, deleitarte y probar las maravillas de la ley del Señor.

Intenta identificar estas observaciones anteriormente mencionadas. Identifícalas en el libro que decidiste estudiar. Verás detalles que te ayudarán a entender el texto bíblico como nunca.

Y luego, te dejo un ejemplo en los apéndices de cómo puedes codificar con colores o símbolos las distintas observaciones que mencioné. Lo más importante es leer, leer y leer el texto hasta que veas y entiendas sus mensajes. La Biblia es profunda y viva, y en ella podrás construir una fe que sea igual: profunda y viva, en todas las áreas de tu vida.

Ejercicio de aplicación

Hagamos un ejercicio de memorización. Escribe este versículo en una hoja varias veces y memorízalo: «Pero aquel en quien se sembró la semilla en tierra buena, este es el que oye la palabra y la entiende; este sí da fruto y produce, uno a ciento, otro a sesenta y otro a treinta por uno» (Mat. 13:23).

Lee Hechos 1–3, y responde las preguntas:

¿Quién o quiénes están involucrados, o a quién está dirigido lo que dice Hechos 1?

____

____

¿En qué contexto del libro se encuentra el pasaje Hechos 1:8-9?

____

____

¿Cuál es el punto de Hechos 2 o qué quiere mostrar el autor?

____

____

¿Qué afirma, niega, prohíbe, advierte, manda o narra Hechos 3?

____

____

¿Viste algo que te resultó interesante o diferente?

____

____

¿Aprendiste alguna nueva verdad acerca de Dios o del ser humano?

____

____

Lee Hechos completo y responde la siguiente pregunta: ¿Cuál piensas que es la idea principal del libro? ¿Podrías describirla en una oración corta?

8
Meditar para
internalizar:
verdad,
tu verdad,
la verdad

palabras clave: verdad, juzgar, pensar, meditar

Por lo demás, hermanos, *todo lo que es verdadero,* todo lo digno, todo lo justo, todo lo puro, todo lo amable, todo lo honorable, si hay alguna virtud o algo que merece elogio, en esto *mediten* (Filipenses 4:8, énfasis añadido).

LA INVITACIÓN A PENSAR BIEN

Pensar bien es una invitación y un mandato bíblico. La aplicación —es decir, llevar la Biblia a la vida, los afectos, la devoción y la corrección diarios— parte de una reflexión bíblica sincera y correcta. Puedes ser muy sincero en tus pensamientos y que ellos te engañen. Tu mente necesita ser apuntada y arraigada cada día en la verdad. Una cosa lleva a la otra: si piensas mal, no vas a vivir bien la Biblia. Nuestros pensamientos alimentan e informan nuestra mente.

El tema de la meditación bíblica ha sido abusado en algunos ambientes cristianos, y en otros, totalmente evadido como reacción a los abusos o a su posible relación con la meditación oriental. No nos referimos a esto. Guardar un registro de lo que aprendemos bíblicamente es un ejercicio valioso. El famoso misionero George Müller aún nos bendice con sus escritos.[1] Por sus diarios, sabemos que hay más

[1] Lucas Abadía, *George Müller: una vida de oración y de fe.* https://biteproject.com/george-muller/

de 50.000 oraciones respondidas. Si él no hubiese registrado esto, no podríamos ser bendecidos o animados por su testimonio.

En 2 Crónicas 16:9, vemos qué pasa cuando nuestros pensamientos están en Dios. Él anhela y busca una reacción, una respuesta. Imagínate que reúnes huevos, harina, azúcar y lo pones al frente de un grupo de invitados alrededor de una mesa para tomar café; probablemente no será apetitoso para ellos. Sin embargo, si haces un pastel con esos ingredientes, y luego un merengue italiano (suspiro, turrón) con un relleno de dulce de leche y lo sirves con una taza de café caliente con crema… ya se me hace agua la boca solo escribiendo esto. En este sentido, la meditación bíblica es sentarte a esa mesa a degustar no solo los ingredientes sino también el pastel que has hecho, a través del estudio correcto de un pasaje. No quiere decir que debas profundizar en todo y hacer una exégesis de predicador. Pero sí debes asegurarte de que, al meditar, no estés rumiando en tus propios pensamientos. Que tus pensamientos se detengan en la Palabra de Dios correctamente entendida.

HAGAMOS UN EJERCICIO

Examinemos algunos versículos acerca de pensar bien, y pongamos en práctica lo que hemos estado aprendiendo en los capítulos anteriores. Recuerda que, al responder la pregunta, no estás colocando tu opinión o tus propias ideas, sino que debes colocar lo que el texto menciona. Al responder la pregunta, trata de usar las mismas palabras del texto. Puedes leer el capítulo completo en tu Biblia y resumir la idea del versículo en las líneas de abajo como parte de la meditación:

Deuteronomio 15:9

«Cuídate de que no haya pensamiento perverso en tu corazón, diciendo: "El séptimo año, el año de remisión, está cerca", y mires con malos ojos a tu hermano pobre, y no le des nada; porque él podrá clamar al Señor contra ti, y esto te será pecado».

¿De qué está hablando Moisés en Deuteronomio 15?

____

____

Génesis 6:5

«El Señor vio que era mucha la maldad de los hombres en la tierra, y que toda intención de los pensamientos de su corazón era solo hacer siempre el mal».

¿De qué está hablando Moisés en Génesis 6?

____

____

1 Crónicas 28:9

«En cuanto a ti, Salomón, hijo mío, reconoce al Dios de tu padre, y sírvele de todo corazón y con ánimo dispuesto; porque el Señor escudriña todos los corazones, y entiende todo intento de los pensamientos. Si lo buscas, Él te dejará que lo encuentres; pero si lo abandonas, Él te rechazará para siempre».

¿Qué dice 1 Crónicas 28 sobre el pensamiento?

____

____

Salmo 10:4

«El impío, en la arrogancia de su rostro, no busca a Dios. Todo su pensamiento es: "No hay Dios"».

¿Qué dice el Salmo 10 sobre el pensamiento?

____

____

Salmo 49:11

«Su íntimo pensamiento es que sus casas serán eternas, y sus moradas por todas las generaciones; a sus tierras han dado sus nombres».

¿Qué dice el Salmo 49 sobre el pensamiento?

____

____

Salmo 64:6

«Traman injusticias, diciendo: "Estamos listos con una trama bien concebida; pues los pensamientos del hombre y su corazón son profundos"».

¿Qué dice el Salmo 64 sobre el pensamiento?

____

____

Salmo 94:11

«El Señor conoce los pensamientos del hombre, sabe que son solo un soplo».

¿Qué dice el Salmo 94 sobre el pensamiento?

____

____

Salmo 139:2

«Tú conoces mi sentarme y mi levantarme; desde lejos comprendes mis pensamientos».

¿Qué dice el Salmo 139 sobre el pensamiento?

____

____

Salmo 146:4

«Su espíritu exhala, él vuelve a la tierra; en ese mismo día perecen sus pensamientos».

¿Qué dice el Salmo 146 sobre el pensamiento?

____

____

Proverbios 12:5

«Los pensamientos de los justos son rectos, los consejos de los impíos, engañosos».

¿Qué dice Proverbios 12 sobre el pensamiento?

____

____

Isaías 55:7-9

«Abandone el impío su camino, y el hombre malvado sus pensamientos, y vuélvase al Señor, que tendrá de él compasión, al Dios nuestro, que será amplio en perdonar. "Porque Mis pensamientos no son los pensamientos de ustedes, ni sus caminos son Mis caminos", declara el Señor. "Porque como los cielos son más altos que la tierra, así Mis caminos son más altos que sus caminos, y Mis pensamientos más que sus pensamientos"».

¿Qué dice Isaías 55 sobre el pensamiento?

____

____

Isaías 59:7

«Sus pies corren al mal, y se apresuran a derramar sangre inocente. Sus pensamientos son pensamientos de iniquidad, desolación y destrucción hay en sus caminos».

¿Qué dice Isaías 59 sobre el pensamiento?

____

____

Isaías 65:2

«Extendí Mis manos todo el día hacia un pueblo rebelde, que anda por el camino que no es bueno, en pos de sus pensamientos».

¿Qué dice Isaías 65 sobre el pensamiento?

____

____

Jeremías 17:10

«Yo, el Señor, escudriño el corazón, pruebo los pensamientos, para dar a cada uno según sus caminos, según el fruto de sus obras».

¿Qué dice Jeremías 17 sobre el pensamiento?

____

____

Daniel 2:30

«En cuanto a mí, me ha sido revelado este misterio, no porque yo tenga más sabiduría que cualquier otro viviente, sino con el fin de dar a conocer al rey la interpretación, y para que usted entienda los pensamientos de su corazón».

¿Qué dice Daniel 2 sobre el pensamiento?

____

____

Nuestros pensamientos pueden ser engañosos, y Dios, que nos conoce, nos los revela. Como puedes ver, la Biblia no separa los pensamientos de la acción. Están interconectados. Nuestras acciones son motivadas, alimentadas e impulsadas por nuestros pensamientos, tanto para bien como para mal. Ahora revisemos algunos pasajes que muestran esto:

Miqueas 4:12

«Pero ellos no conocen los pensamientos del Señor, ni comprenden Su propósito; porque los ha recogido como gavillas en la era».

¿Qué dice Miqueas 4 sobre el pensamiento?

____

____

Mateo 9:4

«Jesús, conociendo sus pensamientos, dijo: "¿Por qué piensan mal en sus corazones?"».

¿Qué dice Mateo 9 sobre el pensamiento?

___

___

Mateo 12:25

«Conociendo Jesús sus pensamientos, les dijo: "Todo reino dividido contra sí mismo es asolado, y toda ciudad o casa dividida contra sí misma no se mantendrá en pie"».

¿Qué dice Mateo 12 sobre el pensamiento?

___

___

Mateo 15:19 (ver también Marcos 7:21)

«Porque del corazón provienen malos pensamientos, homicidios, adulterios, fornicaciones, robos, falsos testimonios y calumnias».

¿Qué dice Mateo 15 (y Marcos 7) sobre el pensamiento?

___

___

Marcos 2:8

«Al instante Jesús, conociendo en Su espíritu que pensaban de esa manera dentro de sí mismos, les dijo: "¿Por qué piensan estas cosas en sus corazones?"».

¿Qué dice Marcos 2 sobre el pensamiento?

___

___

Lucas 1:51

«Ha hecho proezas con Su brazo; ha esparcido a los soberbios en el pensamiento de sus corazones».

¿Qué dice Lucas 1 sobre el pensamiento?

___

___

Lucas 5:22

«Conociendo Jesús sus pensamientos, les respondió: "¿Por qué razonan en sus corazones?"».

¿Qué dice Lucas 5 sobre el pensamiento?

___

___

Romanos 2:15

«Porque muestran la obra de la ley escrita en sus corazones, su conciencia dando testimonio, y sus pensamientos acusándolos unas veces y otras defendiéndolos».

¿Qué dice Romanos 2 sobre el pensamiento?

___

___

1 Corintios 2:11, 13

«Porque entre los hombres, ¿quién conoce los pensamientos de un hombre, sino el espíritu del hombre que está en él? Asimismo, nadie conoce los pensamientos de Dios, sino el Espíritu de Dios. [...] de lo cual también hablamos, no con palabras enseñadas por sabiduría humana, sino con las enseñadas por el Espíritu, combinando pensamientos espirituales con palabras espirituales».

¿Qué dice 1 Corintios 2 sobre el pensamiento?

___

___

2 Corintios 10:5

«Destruyendo especulaciones y todo razonamiento altivo que se levanta contra el conocimiento de Dios, y poniendo todo pensamiento en cautiverio a la obediencia de Cristo».

¿Qué dice 2 Corintios 10 sobre el pensamiento?

____

____

Hebreos 4:12

«Porque la palabra de Dios es viva y eficaz, y más cortante que cualquier espada de dos filos. Penetra hasta la división del alma y del espíritu, de las coyunturas y los tuétanos, y es poderosa para discernir los pensamientos y las intenciones del corazón».

¿Qué dice Hebreos 4 sobre el pensamiento?

____

____

Santiago 2:4

«¿Acaso no han hecho distinciones entre ustedes mismos, y han venido a ser jueces con malos pensamientos?».

¿Qué dice Santiago 2 sobre el pensamiento?

____

____

MEDITA EN LA VERDAD

La misericordia y la verdad son complementarias. La verdad sin misericordia desanima, aplasta, destruye, desmoraliza e incluso deshumaniza a los demás. La misericordia sin verdad engaña, desvía, impide el cambio. La misericordia es necesaria para que las personas vuelvan a la verdad. Consideremos los siguientes pasajes:

> Llegaste apenas ayer, ¿y he de hacer que vagues hoy con nosotros mientras yo voy por donde quiera ir? Regresa y haz volver a tus hermanos, y que sean contigo la misericordia y la verdad (2 Sam. 15:20).

> Entonces la mujer dijo a Elías: «Ahora conozco que tú eres hombre de Dios, y que la palabra del Señor en tu boca es verdad» (1 Rey. 17:24).

El pueblo estaba bajo la enseñanza de los falsos profetas que les decían lo que querían oír. En palabras del apóstol Pablo, tenían «comezón de oídos»; esto se refiere a buscar y escuchar a personas, maestros o líderes que te digan lo que te hace sentir bien y no la verdad, y esto lleva al juicio de Dios y a la destrucción.

En Ester 9:30, leemos:

> Y se enviaron cartas a todos los judíos, a las 127 provincias del reino de Asuero, palabras de paz y de verdad.

Las palabras de verdad y libertad afirman, exhortan. La verdad hace libres a aquellos que se exponen a ella (Juan 8:32). Según el pastor Miguel Núñez, nuestros pensamientos y las meditaciones de nuestro corazón «son trampas que nos ponemos a nosotros mismos»[2]. ¿Por qué? Porque el discurso de nuestro corazón o nuestras meditaciones no es confiable cuando no está fundamentado ni centrado en las Escrituras. Enfocar nuestro pensamiento y la meditación del corazón es lo que cambiará nuestra forma de vivir. Así que no es el ejercicio de meditar lo que resulta en transformación; es el meditar en la verdad bíblica, es decir, el objeto de la meditación es lo que producirá el cambio.

¿CÓMO ES QUE HAY UNA SOLA VERDAD?

Una cosmovisión cristiana correcta proviene de una lectura y entendimiento correctos de la Biblia. Tal vez te preguntes: ¿quién soy yo para juzgar cómo otros interpretan la Biblia? ¡Excelente pregunta! Sin embargo, veamos nuevamente ese pasaje al cual nuestras mentes corren como Speedy González. Afirmar que con la misma vara que midas serás medido no implica la ausencia de discernimiento o juicio basados en lo que Dios ha revelado, es decir, Sus mandamientos. El problema está cuando nuestro estándar asume el lugar del estándar de Dios. El contexto de la advertencia es justamente hacernos pensar

---

[2] Clase Liderazgo Transformador, D. Min., Ministerio Cristiano, SBTS.

sobriamente y llamar a lo malo y al pecado por lo que es. Juzgar con justo juicio es distinto a no juzgar nunca y en ninguna circunstancia.

Si interpretas la Biblia con el «yo» en el centro, con lo que te parece justo a ti y no lo que la Biblia afirma, niega o prohíbe, la estás interpretando mal, y serás medido con esa vara.

Si aceptas que hay muchas verdades y no solo una verdad, y que la Biblia expone todo lo que necesito conocer como verdad para vivir y creer correctamente, bien, también estás en problemas. No todos los caminos conducen al Dios de la Biblia; solo Jesús. Si interpretas como quieres y enseñas como quieres, tu audiencia podrá salir empoderada, emocionada. Y con ese mismo empoderamiento y emoción pueden ir directo al infierno.

Así que asegúrate de enseñar la verdad. Algunos ejemplos de cómo se puede ver esto en la crianza o en nuestros sistemas de creencias: Si discipulas a tus hijos para que no le aguanten nada a nadie, para que se pongan ellos primero, para que no se dejen pisotear, para que «mejoren la raza», para que, como dicen en Guatemala, «no le encuentren dueña a su dinero»(la implicación de esta frase es que el hombre no se busque a una novia o esposa en la que tenga que gastar su dinero), puede ser que haya «buenos deseos» detrás de estas formas de pensar, pero estás implantando una cosmovisión y un sistema de creencias completamente opuesto al bíblico. Tu aplicación o experiencia están probablemente guiando tu entendimiento de la Biblia y tu enseñanza de la Biblia a tus discípulos y aconsejados más cercanos: tus hijos.

Cristo es la Verdad y solo la verdad. Esto quiere decir que, aunque de un pasaje o de la Biblia pueden salir muchas enseñanzas, si dos enseñanzas son contradictorias u opuestas, por lógica, ambas no pueden ser verdad. Si Cristo afirma algo, debe ser verdad. Si ordena algo, como Él es justo, aunque a mí no me parezca, entonces es justo.

Si Cristo prohíbe algo en forma o mandamiento, entonces no hay que darle vueltas a Jericó para justificarlo. ¿Quiere decir esto que tengo que ver todo como literal en la Biblia? Depende. ¿Literal para quién? ¿Literal bajo cuáles circunstancias? ¿Prohibido por cuáles razones? Estas deberían ser preguntas para entender el texto. ¿Por qué? Veamos algunos ejemplos:

Que Sansón estuviera bajo voto nazareo no quiere decir que, si hacemos ese voto hoy, tendremos su fuerza (lo descriptivo no es prescriptivo para todos).

El Salmo 103 nos enseña cómo pensar bien. El salmista ejemplifica cómo hablarle a nuestra alma:

> Bendice, alma mía, al Señor, y bendiga todo mi ser Su santo nombre.
> Bendice, alma mía, al Señor, y no olvides ninguno de Sus beneficios.
> Él es el que perdona todas tus iniquidades, el que sana todas tus enfermedades;
> El que rescata de la fosa tu vida, el que te corona de bondad y compasión;
> El que colma de bienes tus años, para que tu juventud se renueve como el águila.
> El Señor hace justicia, y juicios a favor de todos los oprimidos.
> A Moisés dio a conocer Sus caminos, y a los israelitas Sus obras.
> Compasivo y clemente es el Señor, lento para la ira y grande en misericordia.
> No luchará con nosotros para siempre, ni para siempre guardará Su enojo.
> No nos ha tratado según nuestros pecados, ni nos ha pagado conforme a nuestras iniquidades.
> Porque como están de altos los cielos sobre la tierra, así es de grande Su misericordia para los que le temen.
> Como está de lejos el oriente del occidente, así alejó de nosotros nuestras transgresiones.
> Como un padre se compadece de sus hijos, así se compadece el Señor de los que le temen.
> Porque Él sabe de qué estamos hechos, se acuerda de que solo somos polvo (vv. 1-14).

NOTAS DE MEDITACIÓN BÍBLICA

A lo largo de los años, a través de mis prácticas de meditación bíblica, he utilizado distintos métodos de escritura. De igual forma, a través de los años han existido tendencias de moda de notas de estudio. No importa la forma que escojas, lo importante es dejar plasmadas en algún lugar y de alguna manera tus meditaciones. Gracias a esto, tenemos la experiencia de otros santos que nos guía; en algunos casos, inspirada por el Espíritu Santo y plasmada en las páginas que hoy tenemos como la Biblia. En otros, tenemos libros y escritos que nos inspiran a ir a una profundidad que hasta este punto nos parece única a los que estudiamos la Biblia y que nos revelan que esa profundidad de meditación es accesible y enriquecedora para la vida espiritual de creyentes, individuos comunes y corrientes, algunos sin mucha educación formal pero con mucha profundidad en la Palabra. Eso nos dejan libros como *El valle de la visión*, un escrito de oraciones puritanas.

¿CÓMO ESCRIBIR TUS NOTAS BÍBLICAS?

Como existen diversas maneras de tomar notas, quiero enseñarte algunas formas utilizadas. Dependiendo de qué funcione mejor o lo que te convenga, asegúrate de pasar suficiente tiempo viendo y volviendo al texto bíblico y no solo en un ciclo de rumiar en tus pensamientos. La Palabra interrumpe tus pensamientos e introduce los pensamientos de Dios en la ecuación. Literalmente, esto trae verdad, enfoque, paz y el descanso que necesitas.

A continuación, te comparto varios elementos que puedes usar en tu meditación:

Mapas mentales. Los mapas mentales son una forma gráfica de sintetizar contenido a la vez que se presentan las conexiones de unos aspectos y otros. Esto me ayuda en mi tiempo de meditación a desenredar mis pensamientos y reordenarlos. Puedo ver lo que está en mi mente que puede parecer no relacionado y apuntar a la Palabra cada uno de esos puntos para mi reenfoque.

Entrada de diario. También puedes escribir tus oraciones, o copiar un texto bíblico o la cita de un autor bíblico. Agrega a esto lo que te hace sentir o pensar, o una oración personal al Señor. Esto hará que bajes el ritmo acelerado para poder pensar lo que el Señor quiere.

Oración al Señor. Escribir nuestras oraciones es un recurso que los creyentes de todas las épocas nos han modelado como herencia. No dejan de sorprenderme la profundidad, la sinceridad y a la vez la centralidad bíblica de los santos del pasado. Ellos han dejado ejemplos que podemos y debemos imitar. El libro de Salmos es una compilación de cánticos y oraciones. Nos deja un ejemplo. Podrías tomar un salmo y escribir su adaptación como oración personal a una situación actual de tu vida. Esto nos provee dos cosas:

1. Te da palabras en tiempos en donde la tristeza, la confusión y la angustia te llevan a sentir que no tienes cómo orar o ánimo de leer la Palabra. Esto te ayudará a que, en tu escasez emocional o espiritual, las riquezas de la Palabra sobreabunden en tu mente y corazón.
2. Te ayuda a ir más lento, a pensar más, a bajar el ritmo. A veces, la rapidez de la vida no nos permite pensar. Así que, para escribir, necesitarás más tiempo, y para orar y escribir, tendrás que bajar el ritmo. Orar la Palabra y escribir estas oraciones serán un tesoro del pasado en el presente y te recordarán la fidelidad de Dios en el futuro.

Notas de acción. Este tipo de notas son las aplicaciones o los compromisos a los que Dios te está guiando a través de la iluminación de Su Espíritu Santo y la lectura de la Palabra. Muchas veces, nos quedamos en meditar. Pero meditar sin implementar cambios de pensamiento, actitudes, afectos o acciones es una seria advertencia y mandato de Santiago 1:22-24, que dice: «Sean hacedores de la palabra y no solamente oidores que se engañan a sí mismos. Porque si alguien es oidor de la palabra, y no hacedor, es semejante a un hombre que mira su rostro natural en un espejo; pues después de mirarse a sí mismo e irse, inmediatamente se olvida de qué clase de persona es. Pero el que mira atentamente a la ley perfecta, la ley de la libertad, y permanece en ella, no habiéndose vuelto un oidor olvidadizo sino un hacedor eficaz, este será bienaventurado en lo que hace».

Arte devocional. Esta forma está muy de moda con el uso de caligrafía, *doodles*, dibujo y acuarelas. En mi opinión —y no es crítica a los que lo hacen—, no me gusta hacer arte que cubra el texto de la Biblia. Sin embargo, me gusta ilustrar, hacer adornos y resaltar aspectos de la Palabra que Dios está aclarando a mi corazón en tiempos reales.

COMENTARIO BÍBLICO

Escribí estas líneas para un reporte de lectura durante mis estudios de maestría en el seminario en 2017. Había perdido la noción de esto; sin embargo, al investigar para este libro, me topé con líneas viejas que había escrito. Intento que mi trabajo académico sea parte de mi vida y caminar cristianos, de lo que Dios está hoy hablando y obrando en mi corazón. En lo que Agustín denominó «el aula inmensa de mi memoria»[3] y que denomina como una virtud, él enfatiza cómo en su vida, y según lo visto en la Palabra, es vital el ejercicio de recordar. El tema de recordar a través de la Palabra es muy importante y un mandato enfático y repetitivo a través de la historia y narrativa bíblicas para el pueblo de Dios. Las Escrituras contienen más de cuarenta ocasiones en las que Dios manda a Su pueblo o a algún individuo a recordar. Casi en su totalidad, este mandato va de la mano de algo que Dios ha dicho o hecho: recordar la vida de pecado de la cual uno fue rescatado, recordar las misericordias que Dios nos ha mostrado incluso cuando no teníamos conocimiento de Dios y Su gracia o cuando tal vez no queríamos reconocerlo.

Los afectos de Agustín son un ejemplo para imitar; su teología es una teología vivida y bien vivida; no solo en la experiencia, sino también en el uso retórico, en su riqueza y contenido bíblico y teológico. Uno de los aspectos más sobresalientes es justamente cómo esta teología se refleja en su devoción y búsqueda personal de Dios en su vida cristiana. Él no lo hace con fines meramente ministeriales, sino que esta devoción es el fruto de su profundidad teológica y entendimiento y perspectiva de Dios. Su reconocimiento de cómo Dios lo ha guiado a través de su vida a pesar de su falta de deseo por Dios, no solo antes de su conversión sino en su caminar cristiano, su lucha contra el amor y la lascivia por las cosas del mundo, todo esto conecta el mundo de los afectos del autor, anterior a su conversión, con un reconocimiento de la mano de Dios guiándolo y mostrando a los lectores, en un intercambio de preguntas retóricas, cómo se producen la fe y su pensamiento bíblico.

Sus confesiones no son ni representan únicamente un ejercicio de meditación teológica, o de cómo se producen la salvación y la piedad.

---

[3] Agustín, *Confesiones*. Libro X: capítulo VIII, p. 14. Último acceso: 11 de abril de 2024. https://www.augustinus.it/spagnolo/confessioni/conf_10.htm

Más bien se tornan en una reflexión, testimonio y defensa de Dios mostrando Su gracia a un pecador, y a pecadores en general. El efecto que el propio entendimiento de esa gracia produce en la vida del creyente, a pesar de sus luchas y a través de las mismas, es mostrar la gracia divina aún más sobreabundante, y formar un creciente afecto por el Altísimo. Como diría Agustín: «dulzura mía y vida mía».[4]

Tengo comentarios a los que cada año voy añadiendo, de mi estudio y notas, para cada libro de la Biblia. Durante años he ido agregando, y espero que por el resto de mi vida cristiana pueda cultivar un corazón que lee, medita y estudia la Palabra, cada vez con más profundidad.

Una de las claves a la hora de escribir nuestras notas bíblicas es que Dios, a través de ellas, nos enseña, instruye y recuerda Su fidelidad pasada, presente y futura en cada una de nuestras vidas. Recuerda que lo más importante no es el formato ni lo lindas o artísticas que sean. Si ese es tu don y tu preferencia, es hermoso y Dios nos dio creatividad con este fin. Sin embargo, no confundamos la forma con el contenido. Lo importante es que lo que estés meditando recuerde a tu corazón la verdad de las Escrituras. Que tu vida pueda servir a las vidas de otros, y que la vida de Cristo en ti fluya para invertirse en que Su iglesia, columna y baluarte de la verdad, piense bien y piense profundo. Esto empieza con un creyente a la vez. Empieza por ti.

---

[4] Agustín, *Confesiones* 1, 3-4.

Ejercicio de aplicación

Hagamos un ejercicio de memorización. Escribe este versículo en una hoja varias veces y memorízalo: «Por lo demás, hermanos, todo lo que es verdadero, todo lo digno, todo lo justo, todo lo puro, todo lo amable, todo lo honorable, si hay alguna virtud o algo que merece elogio, en esto mediten» (Fil. 4:8).

Lee los siguientes capítulos: Romanos 1–3, 1 Corintios 16, 2 Corintios 12, Gálatas 5, Efesios 2, Filipenses 2, y responde a la pregunta de más abajo. Después de leer y responder, te invito a orar estos pasajes.

¿Qué te dice el pasaje sobre Dios y el ser humano?

a. Romanos 3:21-25

____

____

b. 1 Corintios 16:14

____

____

c. 2 Corintios 12:9-10

____

____

d. Gálatas 5:1

____

____

e. Efesios 2:10

____

____

f. Filipenses 2:1-2

____

____

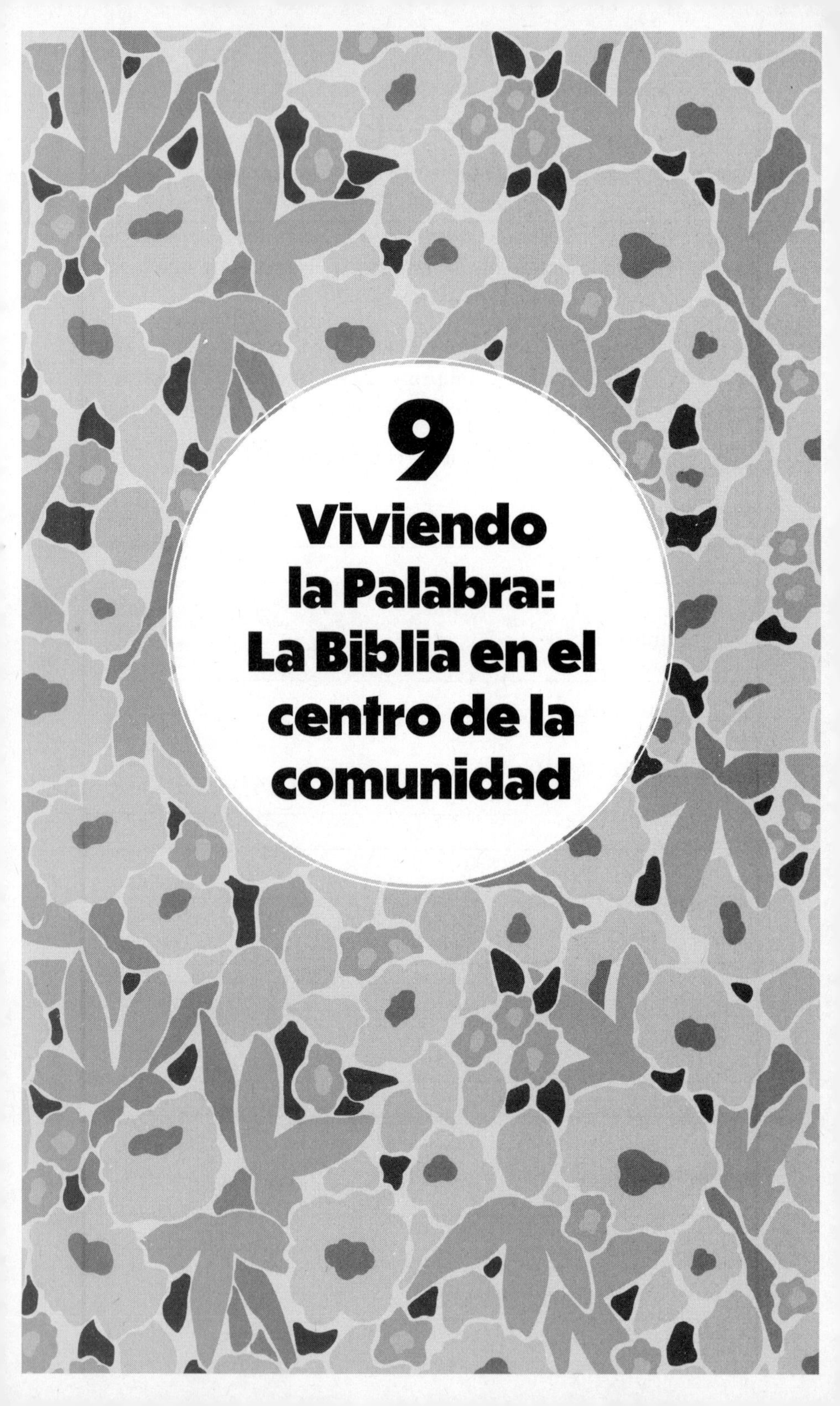

9
Viviendo la Palabra: La Biblia en el centro de la comunidad

palabras clave: comunidad, sacrificio, práctica, aplicación, vida, transformación

Por tanto, hermanos, les ruego por las misericordias de Dios que *presenten sus cuerpos* como *sacrificio vivo* y santo, aceptable a Dios, que es el culto *racional* de ustedes. Y no se adapten a este mundo, sino *transfórmense* mediante la *renovación de su mente*, para que *verifiquen* cuál es la voluntad de Dios: lo que es bueno y aceptable y perfecto (Romanos 12:1-2, énfasis añadido).

La aplicación bíblica responde a la pregunta: «¿Qué debo hacer?». Cuando leemos y estudiamos la Biblia, es imposible llegar al significado correcto del texto si no lo vemos basado en *la intención del autor*. Es necesario entonces mirar lo escrito a través de los ojos de la audiencia original; es decir, aquellos destinatarios que vivieron o recibieron el escrito. Necesitamos leer considerando la cosmovisión, las realidades, las experiencias, el corazón y la situación de la audiencia original revelados en el mismo texto (esto se considera como contexto histórico). Ya hemos definido la audiencia original como los oyentes y lectores originales de la literatura bíblica.

Ahora debemos responder en obediencia: ¿cómo podemos ser conformados a la imagen de Cristo? Recordemos que la Biblia no se trata de nosotros; se trata de Dios y Su plan de reconciliación con Sus hijos a través de Cristo, y de la restauración de todas las cosas. Santiago 1:22 (NTV) declara: «No solo escuchen la palabra de Dios; tienen que ponerla en práctica. De lo contrario, solamente se engañan a sí mismos».

RENOVANDO LA MENTE

El apóstol Pablo habla de la importancia de que nuestra mente sea renovada. En Romanos 12:1-3, declara:

> Por tanto, hermanos, les ruego por las misericordias de Dios que presenten sus cuerpos como sacrificio vivo y santo, aceptable a Dios, que es el culto racional de ustedes. Y no se adapten a este mundo, sino transfórmense mediante la renovación de su mente, para que verifiquen cuál es la voluntad de Dios: lo que es bueno y aceptable y perfecto. Porque en virtud de la gracia que me ha sido dada, digo a cada uno de ustedes que no piense de sí mismo más de lo que debe pensar, sino que piense con buen juicio, según la medida de fe que Dios ha distribuido a cada uno.

Los primeros capítulos de este libro los hemos dedicado a explicar las perspectivas, las premisas, las actitudes del corazón y las ideas preconcebidas más comunes que impiden la lectura y el estudio de las Escrituras. También hemos provisto y explicado herramientas que podemos implementar. Sin embargo, observa que, en el pasaje de Romanos 12, todo inicia en la mente y luego debe ser llevado a la acción.

Conocer sobre Dios no es lo que nos transforma, sino la sumisión para ser transformados a través de la obediencia por amor, con corazones que anhelan ser formados a la imagen de Dios bajo el señorío de Su Hijo Jesucristo, tal como nos insta Pablo en este pasaje. Por eso renovamos nuestra mente y llevamos eso a la acción. Esto nos confirma que la voluntad de Dios, que siempre es buena, se hace más clara a medida que ponemos en práctica Su voluntad revelada en Su Palabra. Oro hoy por ti, para que puedas tomar la decisión de estudiar un libro de la Biblia e iniciar un camino de profundización de tu fe, no a través de la experiencia de otros, sino al comer la miel que es la Palabra de Dios. *Es imprescindible llevar a la práctica lo que decimos conocer acerca de Dios y Su voluntad para nuestras vidas.*

Durante muchos años, he sufrido de asma. Una vez tuve una crisis, y mi nuevo doctor me examinó en emergencias, donde llegué con serias dificultades para respirar. Allí, me pidió que usara mi inhalador frente a él. Entonces, descubrió que parte de mi problema era que por años había estado usando incorrectamente mi inhalador. Me aclaró que era un problema común. Muchos pacientes no han sido instruidos en cómo aplicar el inhalador correctamente creando un flujo de aire para que el aerosol llegue a los bronquios. Cuando le mostré cómo usaba el inhalador, no pude evitar notar una pequeña sonrisa, como si fuera un emoji de «Lo sabía».

Entonces, con paciencia, procedió a darme instrucciones y una breve demostración: «Es necesario crear una columna de aire. Primero, exhala todo el aire que tengas. Luego toma aire y a medida que lo haces, continuamente debes darte un "*puff*", un disparo de aerosol que, con el flujo de aire, va a tus pulmones. Si tomas el aire después del aerosol, entonces todo el aerosol se queda en tu garganta y no llega a tus bronquios y pulmones. Esta es la razón por la cual a muchos asmáticos no les funciona el medicamento. El problema no es el medicamento sino su aplicación». Mi salud mejoró considerablemente con mi uso correcto del inhalador. Pasaron muchos años sin tener una crisis asmática.

Una búsqueda rápida en Google arroja que aproximadamente un 70 % de los asmáticos usa mal su medicamento.[1] ¿Cuántas vidas están en riesgo por una mala práctica? Lamentablemente, así es como muchos usamos nuestra Biblia. No basta con la epidemia de pobreza bíblica, sino que muchos lectores aplican mal sus principios.

De igual forma, podemos estar aplicando mal la Biblia por años al tener prácticas que muestran un entendimiento incorrecto o simplemente una aplicación incorrecta de las Escrituras. Esto puede tener consecuencias individuales, familiares, financieras, sociales y de iglesia que son terribles solo por una mala aplicación.

> Es imprescindible llevar a la práctica lo que decimos conocer acerca de Dios y Su voluntad para nuestras vidas.

[1] https://pubmed.ncbi.nlm.nih.gov/30461535/

PRINCIPIOS DE APLICACIÓN

Quiero compartirte algunos ejemplos prácticos. La Palabra de Dios es puntual en el sentido de que Dios habló en situaciones específicas, para problemas y preguntas específicos. El libro de 1 Corintios, por ejemplo, es una larga respuesta a los problemas de los de Cloé. Un grupo de la iglesia le habían pedido orientación a Pablo respecto a situaciones que estaban enfrentando en la iglesia de la ciudad de Corinto y no sabían qué hacer. Por eso, muchas de las respuestas son muy específicas y se refieren a situaciones que no se explican, pues la audiencia sabía a qué se referían. A través de la Escritura, Dios personalmente se involucra en las vidas de personas y grupos, hablando en forma directa y apropiada a sus necesidades.

No somos el Espíritu Santo, y no podemos crear un cambio en otros o aplicar lo que hemos aprendido a la vida de otros. Un ejemplo: recibí clases de consejería y acerca de ayudar personas con adicción. Nos puede parecer extraño por qué alguien no puede dejar lo que le hace daño, pero a veces a nosotros mismos nos cuesta controlar nuestros deseos de dulces o grasas y comidas no saludables. La Biblia tampoco busca un mero cambio de comportamiento, sino un cambio de raíz, del origen de todos los comportamientos, problemas y conductas: el corazón no santificado. *Las repeticiones en la Biblia nos ayudan a ver claramente puntos de aplicación.*

Los mandatos observados deben aplicarse en contexto: piensa desde lo más interior a lo más exterior: mi mente, corazón, actitudes, vida de pareja, familia, familia extendida, iglesia, amigos, trabajo, etc.... Por ejemplo, el beso santo en la Biblia no hace que los japoneses, que se saludan con una reverencia, sean creyentes desobedientes. El punto de esto es que los hermanos se saluden con calidez sin hacer acepción de personas, pero eso se verá distinto en las diversas culturas.

La aplicación no es un listado de sugerencias sino un mandato bíblico claro y directo: ser hacedores. Para esto necesitamos seguir ciertos *lineamientos.* Por ejemplo ¿cómo aplicamos las *promesas bíblicas*? Hay promesas que son universales en su alcance. Otras son promesas dadas a la iglesia. Otras son dadas a grupos de personas, como las mujeres, los hombres, los líderes y los creyentes. Algunas promesas fueron dadas a individuos específicos y sería incorrecto reclamarlas para nosotras, porque esa no es la intención de Dios. Este es un punto delicado.

En los primeros capítulos, aclaramos lo que es descriptivo y lo que es prescriptivo en la Biblia. En el caso de Sara y Abraham, el descendiente sería un medio para el cumplimiento del *Descendiente* en quien todos recibirían redención y serían parte de la familia de Abraham: Jesús. Por tanto, aunque Dios puede y ha abierto las matrices de mujeres que no podían tener bebés, y hoy en día lo sigue haciendo, es incorrecto reclamarlo como una promesa para todos. ¿Por qué? Porque Dios no lo ha prometido a toda mujer creyente. No tiene que ver con que la mujer tenga fe o no; tiene que ver con el propósito soberano de Dios. He visto a muchas mujeres desanimadas porque, en medio de sentimientos conmovidos, alguien les dio una «palabra profética» de que tendrían su «Isaac». Sin embargo, al no cumplirse lo que tal vez fue dicho con buenas intenciones, las oraciones elevadas que no fueron respondidas no necesariamente dicen que a esta mujer le faltó fe. Tiene que ver con que Isaac llevaba a Cristo, y Cristo ya vino, y en Él Dios proveyó y cumplió esa promesa dada a Sara y Abraham. Dios no falló, la fe de la mujer no falló, simplemente el propósito de Dios se cumplió.

¿Cómo establezco las *diferencias importantes*? Evaluamos si esta promesa es condicional o incondicional. Una vez que concluimos que una promesa se aplica a nosotros, también deberíamos preguntarnos si su cumplimiento depende de alguna manera de nuestras acciones o actitudes. Diferenciemos entre las promesas y los principios: un principio no es lo mismo que una promesa. Un principio generalmente se basa en quién es Dios, y Dios nunca cambia. Pero una promesa se basa en lo que Dios ha dicho que haría o no haría, y en las condiciones para que se cumpliera.

Aprende a distinguir entre promesas y proverbios. A pesar de la apariencia o lo que comúnmente pensamos al leer la Biblia, la mayoría de los proverbios no son promesas. Los proverbios son dichos hábiles o principios que generalmente son verdades de vida que parten de la observación. Aquellos que siguen el consejo dado en Proverbios tendrán sabiduría para tratar con las «áreas prácticas de la vida». Muchos han instruido a sus hijos en la iglesia y luego terminan viendo que se alejan del Señor. Instruir al niño en su camino es sabio y es la voluntad de Dios para la familia, pero no tenemos la garantía de que tomará las decisiones correctas o de que será creyente. La Palabra de Dios no falla, pero no garantiza que todos los hijos de creyentes serán salvos, como en verdad ha pasado. Igualmente, en el caso del carcelero de Filipos, de manera profética Pablo le dijo que serían salvo él y su casa, pero esto no representa una promesa para todo creyente. Tomar esto como promesa para todo creyente en toda época ha llevado a muchos a decepcionarse del evangelio, a enojarse contra Dios e incluso a acusarlo de no cumplir con Su Palabra. Pero, al examinar esos escritos, nos damos cuenta de que no son promesas de Dios para todos. Su Palabra nunca falla, sin importar su antigüedad, nunca vuelve vacía y es un regalo de Dios para Sus hijos (Isa. 25:1; Sant. 1:17).

En lugar de esto, debemos orar con confianza en que el propósito de Dios es mejor que el nuestro, Su sabiduría mayor que la nuestra, y orar sin cesar pidiendo misericordia y arrepentimiento para aquellos a quienes amamos que no están en Él. Es una oración con humildad y no con pretensión, y nosotros nunca seremos más misericordiosos que Dios mismo. Confiemos en Él y en que «el Señor cumplirá Su propósito en mí; eterna, oh Señor, es Tu misericordia; no abandones las obras de Tus manos» (Sal. 138:8).

En el Proyecto Tito, un ministerio misionero en todo el mundo de enseñanza bíblica itinerante, utilizamos este ejercicio para ayudar a nuestros estudiantes. Amy Stevens, la fundadora de este ministerio y a la cual admiro profundamente, diseñó el siguiente ejercicio. Sus cuatro hijos, su forma de enseñanza y su relación con su esposo han llenado mi vida de pasión y gracia por la Palabra por muchos años. Hemos adaptado algunas instrucciones del cuadro para mejor comprensión.

HAGAMOS EL SIGUIENTE EJERCICIO[2]

La que veremos a continuación es una lista de mandamientos prácticos que aparecen en la Biblia. Tu tarea es determinar conmigo cuáles se aplican en todo tiempo y en todo lugar, y cuáles

[2] *Titus Project Booklet*, Inductive Bible Study, 2004.

son meramente temporales, necesarios en un tiempo particular y en un lugar particular, pero no necesariamente aplicables en otros tiempos y otros lugares. Piensa en cada uno y coloca una «P» al lado de los que son permanentes, y una «T» al lado de los que son temporales (algunos no serán tan fáciles).

Antiguo Testamento:
Guarda el sábado (Ex. 20:8)
Ninguna persona comerá sangre (Lev. 17:12)
No te pondrás vestidos con mezcla de hilos (Lev. 19:19)
Será vida por vida, ojo por ojo, diente por diente, mano por mano, pie por pie (Deut. 19:21)
Amarás a tu prójimo como a ti mismo (Lev. 19:18)

Nuevo Testamento:
Salúdense unos a otros con beso santo (Rom. 16:16)
Come lo que está delante de ti sin hacer preguntas (1 Cor. 10:27)
Observa la Santa Cena (1 Cor. 11:24)
Sean circuncidados (Hech. 15:5)
Unjan a los enfermos con aceite (Sant. 5:14-15)
Recuerda a los pobres (Gál. 2:10)
Vende tus tierras y casas si eres cristiana (Hech. 4:32-37)
Lávense los pies los unos a los otros (Juan 13:14)
Cuidado con los perros (Fil. 3:2)

¿Qué principios usaste para determinar cuáles son permanentes y cuáles son temporales?

MANDAMIENTOS DEL ANTIGUO TESTAMENTO

Muchos suponen que algunos mandamientos del Antiguo Testamento ya no se aplican a nosotros. Por otro lado, en algunos casos, sí estamos seguras de que otros son válidos para hoy, y para determinar apropiadamente cuáles son válidos, necesitamos entender unos datos básicos sobre el Antiguo Testamento. El Antiguo Testamento es el registro del pacto de Dios con Israel y contiene más de 600 ordenanzas distintas (la mayoría en el Pentateuco).

¿Cuáles son las directrices para aplicar mandamientos del Antiguo Testamento? ¿El mandamiento se repite en el Nuevo Testamento? ¿El mandamiento es revocado en el Nuevo Testamento? ¿Cuál es el principio detrás del mandamiento del Antiguo Testamento?

Aunque ya no estamos más bajo el pacto antiguo, necesitamos recordar que las leyes de ese pacto reflectan el carácter de Dios. La ley moral responde a la santidad de Dios, quien nos llama a «[ser] santos, porque [Él es] santo» (1 Ped. 1:16; ver Lev. 20:26; 2 Cor. 7:1). Al oír esto, los principios detrás de esas leyes deberían ser válidos todavía, aunque algunas expresiones específicas de las leyes pueden ser obsoletas. Entonces, ¿por qué nos cuesta cambiar? A veces mantenemos una lucha interna, consciente o inconsciente *con lo que Dios ha dicho. Quiero establecer mi verdad aunque no sea la Verdad.*

Otras veces, no queremos ser sinceras acerca de nuestros pecados, hábitos y elecciones. Las respuestas a preguntas como: «¿Cómo puedo vivir?», o «¿Acaso creer no es siempre sincero?» siempre serán una lucha entre la carne y el espíritu. Mientras más traigamos la verdad a la luz y caminemos con otros, más posible será el cambio. Es una decisión.

Las repeticiones en la Biblia nos ayudan a ver claramente puntos de aplicación.

PREGUNTAS DE APLICACIÓN

- ¿Cuáles son las verdades eternas básicas en este libro o pasaje?
- ¿Cómo se aplican estas verdades a mi vida? Sé específica.
- ¿Qué debería creer? ¿Necesito cambiar algo de lo que creía anteriormente?
- ¿Qué veo acerca del carácter de Dios? ¿Cómo ese aspecto de Su carácter me habla o ministra?
- ¿Cuáles pasos o acciones específicas puedo dar para poner esto en práctica?

PRACTICAR LO QUE CREO. CÓMO VIVIR EN COMUNIDAD Y MISIÓN

Repite conmigo en voz alta: la aplicación es la *meta* del estudio bíblico. Como Dios nos enseña en Su Palabra, nosotras creemos que Él obra en nuestros corazones. El estudio de la Escritura debería resultar en vidas cambiadas.

A todas nos ha pasado que estamos leyendo un mensaje de texto o un correo electrónico y nos distraemos y solo recordamos con claridad un par de líneas. Aún peor, ¿no te ha pasado que has respondido ese correo para luego sentir vergüenza al reconocer que la respuesta no es coherente con lo que el correo decía? No entendimos porque no estábamos leyendo lo que decía en contexto, completamente de principio a fin.

Cada creyente necesita entender toda la Escritura porque *todo* lo que Dios ha mandado, necesario para *ser* y *hacer* discípulos, está contenido no solo en los Evangelios, sino desde Génesis hasta Apocalipsis. Consideremos estos pasajes: «Vayan, pues, y hagan discípulos de todas las naciones, bautizándolos en el nombre del Padre y del Hijo y del Espíritu Santo, *enseñándoles* a guardar todo lo que les he mandado; y ¡recuerden! Yo estoy con ustedes todos los días, hasta el fin del mundo» (Mat. 28:19-20 16). «Que la palabra de Cristo habite en abundancia en ustedes, con toda sabiduría enseñándose y amonestándose unos a otros con salmos, himnos y canciones espirituales, cantando a Dios con acción de gracias en sus corazones» (Col. 3:16). Esto significa que tenemos un mandato de Cristo a profundizar en el significado y estudiarlo: «Por tanto, dejando *las enseñanzas elementales* acerca de Cristo, avancemos hacia la madurez, no echando otra vez el fundamento del arrepentimiento de obras muertas y de la fe en Dios» (Heb. 6:1).

Esto es un llamado para cada creyente, líder, experto en las Escrituras, campesino, etc., sin importar su trasfondo. Dijimos acerca de Esdras 7:10 que Esdras había dedicado su corazón a estudiar la ley del Señor, a practicarla y a enseñar Sus estatutos y ordenanzas en Israel. Él era un líder, un sacerdote y un experto en las Escrituras. Sin embargo, fue proactivo y no negligente, y supo que debía profundizar en ellas.

Entonces, para el estudio bíblico, son vitales la oración, la dependencia, la reverencia y la humildad. Pero también hay que investigar, preguntar, estudiar con otros, dedicar tiempo, tomar notas del estudio y usar diccionarios bíblicos.

Hablamos sobre cómo el conocimiento no es lo que esencialmente nos transforma, sino que la sumisión a la Biblia y la sumisión a ella es lo que nos lleva a ser transformadas a la imagen de Dios. R. C. Sproul dijo sabiamente: «Todos conocemos personas que pueden recitar los credos impecablemente y obtener excelentes calificaciones en cursos de teología, mientras viven vidas impías. Es posible afirmar una teología sólida mientras vivimos vidas ambiguas. La teología sólida no es suficiente para vivir una vida piadosa. Aun así, es un requisito para vivir piadosamente. ¿Cómo podemos practicar la verdad sin primero entender qué es la verdad?».[3]

Necesitamos maestros bíblicos que hagan discípulos y caminen con otros discípulos de Cristo, llenos del Espíritu Santo, para que el estudio de la Palabra se dé con claridad. Cuando digo «se dé» me refiero a no instituirlo como autoridad infalible, como algunos quieren. ¿Qué características deben tener estos maestros? Tienen que manejar correctamente la Palabra de verdad. No es suficiente que suene bien, sino que discernamos si es *verdad*. Si está en contexto, si la Biblia lo afirma. No despreciemos, pero evaluemos, y recordemos que debemos «[examinar] todo cuidadosamente, [y retener] lo bueno» (1 Tes. 5:21).

Pablo le recuerda a Tito que el creyente aprende y busca entender no para quedarse con conocimiento, sino para invertir en otros. En Tito 1:9, leemos: «Debe retener la palabra fiel que es conforme a la enseñanza, para que sea capaz también de exhortar con sana doctrina y refutar a los que contradicen». Pablo exhorta a los tesalonicenses a continuar creciendo en la fe. En 1 Tesalonicenses 5:21-22, dice: «Antes bien, *examínenlo todo cuidadosamente, retengan lo bueno*. Absténganse de toda forma de mal». Como resultado, Pablo les promete: «Y que el mismo Dios de paz los santifique por completo; y que todo su ser, espíritu, alma y cuerpo, sea preservado irreprensible para la venida de nuestro Señor Jesucristo» (v. 23).

---

[3] R. C. Sproul, *Essential Truths of the christian faith* (Wheaton, IL: Tyndale House Publishers, 1992), prefacio.

Entender la Biblia es esfuerzo y deleite, trabajo y a la vez descanso para el alma. Entender la Biblia nos da la verdad y la libertad para ser como Jesús, para cumplir con Su misión, para vivir vidas de gozo que, a medida que conocen a Dios, lo dan a conocer a otros y así el mundo es transformado. Pero todo empieza con la renovación de nuestro entendimiento a través de una comprensión correcta de la Biblia. Tú puedes entender tu Biblia. Dios es el principal interesado de que sea así. No caminas sola. El Espíritu te ilumina lo que ya reveló en las Escrituras y te fortalece para practicar. Tú solo tienes que abrir tu Biblia, leerla y tomar el tiempo de pensar y estudiar.

TIEMPO, ENERGÍA, ESFUERZO Y PROFUNDIDAD

En párrafos anteriores detallamos principios fundamentales para que, al abrir las páginas de las Escrituras, las entendamos. Como un diamante refinado con tiempo, energía y profundidad, el estudio bíblico requiere lo mismo. ¿Por qué necesito estudiar la Biblia si no soy ministro profesional? En esta serie aplicaremos de forma más profunda herramientas a textos de distintos géneros literarios bíblicos que vimos en nuestra serie anterior a través de toda la metanarrativa bíblica.

He conocido a creyentes que, enfermos de cáncer, no dicen tener la enfermedad porque creen en la doctrina o enseñanza humana de: «¡Decláralo y recíbelo!». Creen que, al decirlo con su boca, la enfermedad ya diagnosticada por un doctor se hará realidad. En una época, yo también creía estas cosas. No creo que todos los que lo enseñan lo hacen con la misma motivación; sin embargo, como este es un libro sobre la Biblia, quiero intentar que pensemos juntas sobre por qué estas enseñanzas y las prácticas derivadas no tienen aval ni trasfondo bíblico.

Mi propósito con esto es que seas *libre*. Libre del temor que estas enseñanzas han infundido y confundido a creyentes que aman a Cristo y que han sido llamados a vivir en libertad y bajo el poder de Dios, que es mayor que el de sus propias palabras. Las palabras de la Biblia están por encima de cualquier palabra humana, incluida la tuya. Si Dios dice que eres libre, nada que hagas o digas, ni nada que otra persona diga sobre ti puede atentar contra esa libertad ni tiene poder por encima de la Palabra de Dios. *Profundiza* en las palabras de vida que revelan al Dios infinito de la forma más fiel que puedas, conócelo y experiméntalo, así como el rol que tiene en Su plan redentor.

DISCÍPULOS Y HACEDORES DE DISCÍPULOS

Tiempo atrás, los maestros eran personas de mucha estima. Ahora, nuestra generación sabe mucho de todo, pero a veces con poca profundidad. En cualquier relación donde el discipulado busque ser bíblico no solo se da información, sino que se prepara la mesa con amor y empeño y se maneja la Palabra de verdad, partiendo de un entendimiento correcto de la naturaleza y el contenido bíblico. La autoridad de la Biblia viene de quien la reveló, y aunque hay paradojas y aun misterios, no hay contradicciones. Necesitamos aprender cómo enseñar con fidelidad y poder. La Palabra viva obra en las vidas de los demás a nuestro alrededor. El reto es grande, pero tenemos al Espíritu Santo que nos guía, capacita y prepara oportunidades y buenas obras de antemano.

Hoy en día, muchos dicen que quieren dejar el cristianismo. Declaran odiar la fe que una vez profesaron como algo de sus padres o una imposición social. Otros están en esta disyuntiva porque han visto personas hablar un evangelio en público, o en las redes, que no se condice con sus vidas reales o en lo privado. El discipulado bíblico es responsabilidad y deber. El carácter del maestro debe mostrar respeto y amor genuino por su audiencia. Lo demuestro al prepararme y enseñar *coram Deo*, es decir, de cara a Dios, sabiendo que daré cuenta de toda palabra que salga de mi boca, y viviendo un testimonio coherente con lo que he enseñado.

La oración y la guía del Espíritu Santo son tu principal recurso al preparar y presentar tu enseñanza. Nuestra audiencia moderna tiene preguntas acerca de lo que crees; algunas verbalizadas y otras no expresadas, como por ejemplo: ¿Qué crees sobre la Biblia? ¿Por qué necesito la Biblia si puedo simplemente experimentar a Dios? Como maestra bíblica, necesito creer ciertas afirmaciones para ser congruente con la Biblia que enseño. Debo tener claridad y convicción acerca de la necesidad, la autoridad y la naturaleza de la Biblia y otros aspectos como su inspiración, su autoría divina y su claridad. Necesitamos entender el rol del ser humano en su escritura, y la suficiencia, la infalibilidad y la inerrancia de la Biblia.

Para saber más de esto, te recomiendo leer el documento del Apéndice 2 con el título: La Declaración de Chicago.

Por otro lado, la Biblia ilumina y hace que los caminos sean *más claros* para los lugares oscuros del alma, como vemos en el Salmo 19:7-11 y en Hebreos 4:12-13. Según el apóstol Pablo, la Biblia es el método clave para que las personas sean transformadas a través de la renovación de la mente. Ella nos demanda y enseña, como maestras de la palabra, que *pensemos bien.*

Me resulta interesante que, a través de toda la teología bíblica —es decir, la revelación progresiva de Dios—, vemos el tema de cómo Dios alimenta a Su pueblo. En Juan 21:1-14, dice que en una ocasión, después de la resurrección, Jesús preparó un desayuno a la orilla de la playa para los discípulos, y después se sentó a comer con ellos, sin prisa, intencionalmente. Pensemos en nuestros tiempos de estudio bíblico, en cómo nos preparamos y cómo Dios ha aderezado mesa delante de nosotros para alimentarnos. Una Palabra revelada, a través de miles de años, relevante hoy para los creyentes, tanto como en el pasado. Estás comiendo la misma receta que Dios ha preparado para todas las mujeres a través de la historia de la iglesia, junto a las cuales estás siendo nutrida y fortalecida por la misma Palabra de verdad.

De igual manera, no olvidemos el aspecto comunitario e individual del estudio. En esa ocasión, cuenta la historia que Jesús les dijo: «Echen la red al lado derecho de la barca y hallarán pesca». Más adelante, el pasaje dice: «Cuando bajaron a tierra, vieron brasas ya puestas y un pescado colocado sobre ellas, y pan», y luego agrega la invitación del Maestro: «Vengan y desayunen». Ninguno de los discípulos se atrevió a preguntarle: «¿Quién eres?». Todos sabían que era el Señor. Entonces, Jesús les sirvió el pan y el pescado. Esto me parece fascinante: el Dios del universo alimentando a los suyos.

Si eres maestra bíblica, mamá o tía, te desafío. Tenemos personas a nuestro alrededor a las cuales, al presentarles la Palabra, puedes improvisar la «comida» o preparar un banquete con cuidado, esfuerzo, dedicación, práctica, planificación y conocimiento de sus necesidades para alimentarlas como Jesús lo hizo. Sin importar la edad, «así será Mi palabra que sale de Mi boca, no volverá a Mí vacía sin haber realizado lo que deseo, y logrado el propósito para el cual la envié» (Isa. 55:11). Esta es una clara promesa. La Palabra de Dios no volverá vacía.

LA BIBLIA Y LA COMUNIDAD CRISTIANA

En Corea, un grupo de creyentes oficinistas y empresarios abren un espacio al mediodía para dedicarse a la lectura pública de la Biblia y compartir alimentos. Algo tan sencillo como leer la Palabra tiene efectos sociales y sanadores.

Una de las mayores decepciones de nuestra generación ha sido creer que: 1) Puede existir el discipulado separado de la Biblia, y 2) que el discipulado bíblico puede ocurrir en aislamiento. Bíblicamente, siempre fue una responsabilidad individual y a la vez comunitaria. La Biblia se leía en voz alta, en las reuniones de creyentes, en grupos pequeños (Luc. 4:16; Hech. 8:28; 13:15) y grandes (Neh. 8:1-3, 8; Jer. 36:10; 1 Tim. 4:13) ¿Por qué ha tomado la iglesia mandatos sencillos y vitales como buenas ideas y sugerencias? Hemos sido negligentes en cuanto a la belleza de leer la Palabra juntos.

La Biblia fue escrita para que, partiendo de la revelación de Dios, Su persona y verdad, podamos responder en obediencia y sumisión: en mentalidad, perspectiva, opiniones, acciones y hábitos. Necesitamos cambiar, y esto no es una opción, sino el propósito mismo por el cual buscamos conocer a Dios a través de la Biblia. La meta de estudiar la Biblia es parecernos y amar ¡a Cristo!, el misterio ya revelado. Pero ¿lo haré hasta que sea pastor, un reconocido personaje, un *influencer*, un misionero o hasta que mi cónyuge o mi mamá lo diga? No. No es una competición con estos creyentes, sino un caminar *con* otros. La meta es «hasta que *todos* lleguemos a la *unidad de la fe* y del pleno conocimiento del Hijo de Dios, a la condición de un hombre maduro, a la medida de la estatura de la plenitud de Cristo. Entonces ya no seremos niños, sacudidos por las olas y llevados de aquí para allá por todo viento de doctrina, por la astucia de los hombres, por las artimañas engañosas del error» (Ef. 4:13-14).

Todos significa *todos* en la fe cristiana, todo tipo de cristianos. Unidad de la fe en el entendimiento de las doctrinas, enseñanzas o instrucciones básicas que la Biblia nos enseña y que deben unirnos y no dividirnos. *Pleno conocimiento* de aquello que Dios considera completo. Hay un conocimiento *total* de Dios que es imposible. No podemos meter un océano en una tacita de café o en una bombilla de mate. No podemos contener el conocimiento de un Dios infinito en mentes finitas o limitadas. Sí podemos conocerlo, y conocer lo que es completamente necesario, lo que Él ya ha revelado, entenderlo, hacerlo propio y aplicarlo.

Recupera y alimenta tu pasión y asombro de Dios. La Biblia se describe a sí misma como una espada. Una espada era un arma tanto defensiva como ofensiva contra ataques. Obviamente, puede ser usada para otras cosas, pero a nadie se le ocurriría pelar papas con una espada. El uso está muy relacionado con el poder de la espada.

El trabajo de la iglesia es equipar a los santos para la obra del ministerio. Muchas veces, se nos describe como soldados. Un soldado que no sabe manejar su arma correctamente está en peligro de perder su vida y, aunque tenga buenas intenciones, también corre el riesgo de no cumplir su misión y propósito. Es vital entrenar a los soldados en el uso correcto de sus armas. Pero la iglesia con buenas intenciones ha entrenado a los santos en muchas cosas, pero hemos dejado como secundario equiparlos en el uso y manejo correcto de la Palabra, tanto para defender y edificar sus vidas como la vida de la iglesia, el edificio de Dios.

Por mucho tiempo se ha extendido un estereotipo de la gente que ama la Biblia. Hombres blancos, con saco y corbata y una postura estoica; arrogantes, fríos y lejanos. Me frustra esta perspectiva caricaturesca de la gente de la Biblia. El pueblo de Dios, los cristianos, debemos ser la gente de la Biblia. Gente apasionada por el Dios en el cual creo y que sostiene el universo con el poder se *Su Palabra*, quien se encarnó volviéndose *el Verbo*, la Palabra encarnada, la Palabra *viva* y eficaz, más cortante que toda espada de dos filos, que discierne los pensamientos hasta partir el alma. Profunda, real, para cada día, atemporal, histórica.

Estoy convencida de que el pueblo de Dios puede ser profundamente bendecido si tan solo obedece con frecuencia y diligencia este mandato.

Ejercicio de aplicación

Hagamos un ejercicio de memorización. Escribe estos versículos en una hoja varias veces y memorízalos:

«Y hasta el día de hoy, cada vez que se lee a Moisés, un velo está puesto sobre sus corazones» (2 Cor. 3:15).

«Pero cuando Él, el Espíritu de verdad venga, los guiará a toda la verdad, porque no hablará por Su propia cuenta, sino que hablará todo lo que oiga, y les hará saber lo que habrá de venir» (Juan 16:13).

Lee los siguientes capítulos: Colosenses 1, 1 Tesalonicenses 3, 2 Tesalonicenses 2, 1 Timoteo 3, 2 Timoteo 2, Tito 2 y 2 Pedro 3 y responde las siguientes preguntas.

¿Qué veo acerca del carácter de Dios en los siguientes pasajes?

a. 1 Tesalonicenses 3:12-13

____

____

b. 2 Tesalonicenses 2:15-17

____

____

¿De qué manera ese aspecto del carácter de Dios me habla o ministra?

____

____

¿Cuáles son las verdades eternas básicas en los siguientes pasajes?

a. 1 Timoteo 3:14-15

____

____

b. 2 Timoteo 2:1-2

____

____

c. Tito 2:11

____

____

¿Qué debería creer sobre el siguiente pasaje?

a. 2 Pedro 3:17-18

____

____

¿Necesito cambiar algo de lo que creía anteriormente?

____

____

10
Teología bíblica

palabras clave: coherencia, armonía, hilo conductor, idea central, versículos claves

Ustedes examinan *las Escrituras* porque piensan tener en ellas la vida eterna. *¡Y son ellas las que dan testimonio de Mí!* Pero ustedes no quieren venir a Mí para que tengan esa vida [...] No piensen que Yo los acusaré delante del Padre; el que los acusa es Moisés, en quien ustedes han puesto su esperanza. Porque si creyeran a Moisés, me creerían a Mí, *porque de Mí escribió él. Pero si no creen sus escritos, ¿cómo creerán Mis palabras?*
(Juan 5:39-40, 45-47, énfasis añadido).

Jesús constantemente confrontaba a Su audiencia con la verdad que ellos recitaban de la ley, los escritos de los profetas, pero que ellos mismos contradecían con su incredulidad en Él, negando la eficacia de la ley. Los líderes religiosos, e incluso muchos de los que seguían a Jesús, eran hipócritas prácticos. Confesaban creer en Dios y las palabras de la ley de Moisés y los profetas. Sin embargo, al rechazar a Cristo, estaban rechazando literalmente la Palabra, el *logos* de Dios. Hoy en día, muchos creyentes, al ser negligentes con el estudio de la Biblia o partes de ella como el Antiguo Testamento y los Profetas, mostramos que realmente no creemos en el poder para toda la vida cristiana, la fe, la piedad, la transformación y la esperanza que encontramos en la Palabra de Dios. Creemos que podemos crecer en el Señor, en la vida y en el ministerio sin dedicarnos a construir un conocimiento de Dios y una relación correcta con Él separados de las Escrituras. La mayoría no afirmaríamos esto tácitamente, pero lo hacemos con nuestras acciones o con nuestra negligencia a la hora de vivir, examinar y cumplir la Palabra de Dios.

La Biblia es la revelación del Rey que gobierna y establece Su reino en corazones transformados y Su creación redimida. La Biblia es la revelación de los atributos del Rey, que nos conduce a la adoración que Él merece y de la cual es el único digno. La Biblia no solo contiene las palabras de Dios, sino que *es* la Palabra de Dios viva, eterna y eficaz. Es la historia del plan redentor de Dios que obra redimiendo a la humanidad y la creación para Su gloria y nuestro deleite.

Según Graeme Goldsworthy, la teología bíblica es «el estudio de cómo cada texto en la Biblia se relaciona con Cristo y Su evangelio».[1] El vínculo de toda la Biblia se conoce como interconectividad. Esto es atestiguado por el Antiguo Testamento en lo cohesiva y coherente que es la Biblia a pesar de haber sido escrita por más de cuarenta autores, pero mostrando un solo Autor divino, la persona de Jesús mismo, el vínculo que unifica la historia desde el principio, en figuras, tipos y sombras al presente.

La Biblia presenta un solo plan redentor de Dios en miles de acciones, eventos y personas que, desde antes de la creación del mundo y a través de los milenios, lleva a un clímax redentor y revela nos solo las obras sino también los atributos y la naturaleza de Cristo. Como lo dice el apóstol Pablo en Romanos 1:19-23: «Pero lo que se conoce acerca de Dios es evidente dentro de ellos, pues Dios se lo hizo evidente. Porque desde la creación del mundo, Sus atributos invisibles, Su eterno poder y divinidad, se han visto con toda claridad, siendo entendidos por medio de lo creado, de manera que ellos no tienen excusa. Pues aunque conocían a Dios, no lo honraron como a Dios ni le dieron gracias, sino que se hicieron vanos en sus razonamientos y su necio corazón fue entenebrecido. Profesando ser sabios, se volvieron necios, y cambiaron la gloria del Dios incorruptible por una imagen en forma de hombre corruptible, de aves, de cuadrúpedos y de reptiles».

---

[1] Graeme Goldsworthy, *Christ-Centered Biblical Theology* (Downers Grove, IL: InterVarsity Press, 2012). Pág 23

Esa revelación progresiva de Dios a través de toda la historia es la gran narrativa bíblica cumplida en Cristo. En sus capítulos finales, por milenios y a través del Espíritu Santo, actúa en los que Él redime hasta que Cristo el Rey regrese a reinar con los suyos, sobre los suyos, para Su gloria. Aquellos redimidos que son la extensión de Cristo mismo, su familia que forma parte de toda la historia. A través de las historias particulares, podemos ver una sola historia redentora, un mosaico cuya imagen final se revelará y será hermosa. Todo esto ha sido afirmado por el mismo Jesús, anunciado por los autores del Nuevo Testamento y esperado por los creyentes durante siglos.

Chris Harrison, usando el software para referencias cruzadas BibleViz,[2] realizó un gráfico impresionante que puedes encontrar en internet. Parece un gran arcoíris de colores con casi 68.000 líneas curvas que revelan las referencias o alusiones bíblicas entre versículos de la Biblia en ambos testamentos. Es una forma gráfica de visualizar lo que solo Dios, como autor con una sola mente, un carácter inmutable y un propósito unido, ha ido revelando a través de siglos, las generaciones y con una sola intención: revelar Su gloria.

Espero que los paradigmas y las herramientas aprendidos a lo largo de este libro sean puntos de partida para hacer de tus tiempos de estudio bíblico un deleite, como sentarnos a cocinar y consumir una comida hecha con dedicación con la persona más importante de tu vida. El tiempo de estudio bíblico es un encuentro en el cual no solo comen juntos, sino que también preparan los alimentos.

A través de toda la Escritura, en diversas ocasiones se utiliza la ilustración de la Palabra de Dios como nutrición. Lamentablemente, muchos de nosotros hemos visto el estudio bíblico como nuestra mamá obligándolos a comer verduras y vegetales cuando éramos chicos. Actitudes como la humildad y la reverencia, la autoridad de las Escrituras y la necesidad del poder de la Palabra de Dios para la vida diaria son cuestiones vitales para estudiar la Biblia y sumergirnos en sus profundidades para descubrir a un Dios real, grande, cercano, relevante e involucrado en moldear y cambiar nuestras perspectivas durante nuestros tiempos de estudio, de forma que tenga efecto en nuestras mentes, corazones y acciones.

---

[2] https://www.chrisharrison.net/index.php/visualizations/BibleViz

Esa Biblia que tienes en tus manos fue escrita por testigos, muchos testigos oculares de los eventos que describe. Fueron perseguidos o martirizados y, a pesar de eso, nunca cambiaron sus historias o relatos. ¿Morirías por algo que sabes que no es cierto? Juan Calvino afirma en *Instituciones de la religión cristiana*:

> ... no es una prueba pequeña de la autoridad de la Escritura que haya sido sellada con la sangre de tantos testigos, especialmente cuando se considera que, al dar testimonio de la fe, se enfrentaron a la muerte no con entusiasmo fanático (como los espíritus errantes a veces tienden a hacer), sino con un celo piadoso firme y constante, pero sobrio.[3]

AFECTO Y CONOCIMIENTO: APRENDIENDO DE SAN AGUSTÍN

Cuando el hombre quebrantó la ley de Dios, se puso en una posición de culpa. Al romper su relación con Dios, traicionándolo y rebelándose contra el Señor, Rey y Creador de todo, se escondió por su vergüenza. Cuando el hombre rompió la confianza con Dios, se inundó de temor.

En sus *Confesiones*, Agustín presenta una línea de análisis y pensamiento bíblicos que a veces es difícil de seguir.[4] En sus preguntas, por ejemplo, describe el problema de invocar a Dios y conocerlo o conocerlo primero y alabarlo. Se responde a sí mismo con Romanos 10:13-15 y la necesidad de Dios de ser conocido antes que creído.

Pero Agustín presenta con gran importancia la aplicación de las verdades en las que ha meditado y argumentado. En este caso, ora para que él pueda invocar a Dios con la fe que Dios mismo le ha otorgado. Agustín reconoce que aun su entendimiento de Dios proviene de Dios mismo, y que separados de Él, nada podemos hacer (Juan 15:4-5), lo cual reconoce en varias instancias a través de las confesiones.

Agustín confiesa una gran dependencia de Dios como fundamento y sostén de su fe en ese mismo Dios. Otro aspecto enfático a través de

---

[3] Christian Classics Ethereal Library https://www.ccel.org/ccel/calvin/institutes.iii.ix.html, capítulo 8.

[4] Agustín, *Confesiones*. Libro I: capítulo 1. http://www.augustinus.it/spagnolo/confessioni/conf_01_libro.htm

las *Confesiones* es la teología bíblica del carácter y los atributos de Dios. Esto demuestra un amplio conocimiento y entendimiento formado a través de la Palabra. Una cita que ejemplifica esto:

> Señor, tú que siempre vives y nada muere en ti —porque antes del comienzo de los siglos y antes de todo lo que tiene «antes», existes tú, y eres Dios y Señor de todas las cosas, y se hallan en ti las causas de todo lo que es inestable, y permanecen los principios inmutables de todo lo que cambia, y viven las razones sempiternas de todo lo temporal—, dime a mí, que te lo suplico, ¡oh, Dios mío!, di, misericordioso, a este mísero tuyo.[5]

La omnisciencia de Dios es Su conocimiento previo de todas las cosas pasadas, presentes y futuras, sus repetidas referencias y énfasis en la inmutabilidad de Dios en contraste del carácter cambiante y ambiguo del ser humano, la santidad de Dios y su justo juicio, la paciencia, longanimidad y gran misericordia de Dios, y en la historia de la humanidad, su providencia, el cuidado de Dios. La Biblia demanda que la leamos como participantes de la gracia divina, agradecidas a Dios. En la generación presente, es más común observar la carencia de tal humildad, reconocimiento y perspectiva, dado que vemos «jóvenes teólogos» que interpretan a Dios y su mundo exterior con tanta severidad, como si ellos no fuesen receptores de la misma gracia que el mundo necesita. Esto lleva a exposiciones teológicas claras pero carentes de la evidencia de un afecto que muestra al Dios de quien se expone y se habla.

Los términos de cariño, reverencia y reconocimiento en nuestras oraciones y confesiones revelan nuestro afecto inefable por Dios o nuestra falta de este. El reto para un gran pensador es no separar su mente de sus afectos, especialmente cuando se trata de Dios. La Biblia nos manda pensar, y el mandato y la expectativa bíblica son que, al pensar, nuestros afectos sean movidos a Dios. Lamentablemente, no es poco común nuestra resistencia a profundizar en el pensar, y así conocer a Dios más profundamente. Confundimos la cercanía, lo personal e inmanente de la relación con el Dios trascendente, con superficialidad. Los afectos son informados y crecen por

---

[5] Agustín, *Confesiones de San Agustín* (edición para Kindle, ubic. 65-68).

el conocimiento de Dios. La Biblia demanda una respuesta, un tipo de conocimiento profundo, sin vanidad, arrogancia o pretensión, que lleva al reconocimiento de Dios y Su grandeza, y al entendimiento de la pequeñez del que recibe ese amor divino sin ser merecedor, pero gozándose y agradecido de ser receptor de este. Debemos desear crecer en ese afecto, informado y aumentado por el conocimiento del Santo. ¡Que Dios nos libre del amor al conocimiento del Santo a expensas del amor al Santo mismo!

Por todo lo anterior, te exhorto: ¡no temas! No temas ir a lo profundo, no te sientas culpable de pasar horas estudiando o buscando entender la Biblia, no te avergüences de que te llamen una fanática bíblica. Un corazón que genuinamente busca conocer a Dios a través de conocer Su Palabra será un corazón movido a un afecto proporcional y profundo por el Dios quien es objeto de ese conocimiento. Un amor informado es un amor que transforma, que afianza, que asegura, que no se avergüenza del evangelio, el cual para algunos es locura, pero para los que lo conocen es poder de Dios para salvación (Rom. 1:16).

LA PERSPECTIVA DE LA BIBLIA ACERCA DE LA PIEDAD Y LA PRÁCTICA

Cuando somos expuestas a la verdad en toda la Escritura, sin duda la respuesta es humildad y reconocimiento de nuestra condición, nuestra perdición. Somos receptoras de una misericordia desplegada desde Génesis hasta Apocalipsis. En toda la Escritura, la gracia de Dios se manifiesta a través de toda la historia humana y nos vemos pequeñas, indignas de lo que, por pura definición de gracia, recibimos. Un reconocimiento sobrio, sin minimizar nuestra realidad, une como hilo conductor la práctica con la piedad (o con la impiedad o estado antes de Cristo). No puede existir piedad sin reconocimiento de la necesidad de vivir de acuerdo a lo que Dios ha revelado sobre Sí mismo y de los humanos, como individuos y como comunidad.

La piedad es *la forma de vida cristiana en la que el creyente, al entender y aplicar la Palabra de Dios en su vida, es santificado, hecho cada vez más a la imagen de Jesucristo.* En esto vemos que la piedad no es solo un estado temporal. Más bien es una práctica intencional caracterizada por humildad y la imposibilidad de producirla, lo cual lleva a una mayor dependencia y búsqueda del conocimiento de Dios. La piedad es también la muestra o prueba de la verdadera sabiduría. De modo que la piedad se revela también en el testimonio de una vida bien vivida, de cara a Dios, caracterizada por una firme perseverancia en Él y una atención cuidadosa a la práctica de Sus mandamientos. Esta devoción y piedad, como dice Agustín, muestran a alguien que no busca ganar la salvación sino que entiende la profundidad del regalo recibido, de la gracia extendida por Cristo para salvación y santificación.

> La piedad es la forma de vida cristiana en la que el creyente, al entender y aplicar la Palabra de Dios en su vida, es santificado, hecho cada vez más a la imagen de Jesucristo.

LA IDEA CENTRAL: VERSICULOS CLAVES DE CADA LIBRO DE LA BIBLIA

En esta sección, te proveo un listado de versículos clave de cada libro de la Biblia. Cada versículo resume la idea central de un libro y agrego comentarios personales en algunas secciones que te apuntan en la dirección de toda la Escritura y cómo cada versículo aporta al canon. Quiero animarte a meditar en cada uno, y memorizarlos. También te animo a leerlos en secuencia y observar la coherencia e interconectividad de toda la Escritura.

Lo versículos claves de cada pasaje no necesariamente son los más conocidos o famosos. Son porciones que resaltan el mensaje principal del libro, y los atributos de Dios prevalentes en los eventos registrados, sabiendo que la revelación progresiva de Dios va mostrando aspectos distintos de quién es Él y de Su relación con Su pueblo y todo lo creado.

Dios creó una humanidad y previó hacer un pueblo, una nación, una familia a través de quienes bendeciría a todas las familias de la tierra con un conocimiento de Él. No solo prometió una familia para Abraham; se proveyó una familia para sí, no por necesidad sino por amor, gracia y una expresión de Su gloria.

> Haré de ti una nación grande, y te bendeciré, engrandeceré tu nombre, y serás bendición. Bendeciré a los que te bendigan, y al que te maldiga, maldeciré. En ti serán benditas todas las familias de la tierra (Gén. 12:2-3).

En Su soberanía, Dios traería a todo tipo de testigos de Su poder. En el éxodo vemos a Dios traer a egipcios y personas de otras naciones para que lo conocieran. Dios reclama el señorío de toda la tierra, e Israel iba a ser el medio para que todas las naciones lo conocieran y vinieran a Él. Los israelitas estaban siendo apartados para vivir vidas de piedad, en santidad, que mostraran a todas las naciones al Dios que los había liberado, salvado, escogido y limpiado para Su gloria. Y en todo esto, muchas naciones verían Su gloria.

> «Ustedes han visto lo que he hecho a los egipcios, y cómo los he tomado sobre alas de águilas y los he traído a Mí. Ahora pues, si en verdad escuchan Mi voz y guardan Mi pacto, serán Mi especial tesoro entre todos los pueblos, porque Mía es toda la tierra. Ustedes serán para Mí un reino de sacerdotes y una nación santa». Estas son las palabras que dirás a los israelitas (Ex. 19:4-6).

Un llamado a la piedad es reiterado a un pueblo que rápidamente se alejaba de su Dios. De la misma manera, el corazón humano no ha cambiado mucho. Este es un tema que permanece hoy: un Dios santo con un pueblo que Él llama a santificarse. Y todo revelado en Su Palabra. Nadie puede alegar ignorancia.

> Santifíquese, pues, y sean santos, porque Yo soy el Señor su Dios. Guarden Mis estatutos y cúmplanlos. Yo soy el Señor que los santifico (Lev. 20:7-8).

Dios se revela una vez más como el que preserva a Su pueblo y permanece fiel a pesar de sus múltiples infidelidades contra Él. Eso no los exime del juicio de Dios y las consecuencias de su pecado. En esto también se revela la justicia y la santidad del Dios que no puede ser burlado, y que aleja el pecado de Su pueblo no dejándolo continuar en sus malos caminos. Las consecuencias son una expresión de justicia y misericordia a la vez.

> Según el número de los días que ustedes reconocieron la tierra, cuarenta días, por cada día llevarán su culpa un año, hasta cuarenta años, y conocerán Mi enemistad (Núm. 14:34).

> Y ahora, Israel, ¿qué requiere de ti el Señor tu Dios, sino que temas al Señor tu Dios, que andes en todos Sus caminos, que lo ames y que sirvas al Señor tu Dios con todo tu corazón y con toda tu alma, y que guardes los mandamientos del Señor y Sus estatutos que yo te ordeno hoy para tu bien? (Deut. 10:12-13).

La voluntad de Dios para la generación de israelitas que entraba a la tierra prometida no es distinta de Su voluntad para los que hoy llama Su pueblo, Su iglesia: que amemos a Dios y seamos santos como Él es el propósito de Su voluntad revelada en Su Palabra. Esos mandamientos, cada palabra inspirada por Dios, ¡son para el bien de los suyos! Nosotros encontraremos el bien que anhelamos en la obediencia a Su Palabra, igual que ellos entonces.

El reposo de Dios es prometido en todo tiempo, en Él. No es un lugar específico. El gozo del pueblo de Dios siempre ha estado ¡en la presencia de Dios! Él cumple Sus promesas, pero la mayor promesa es Cristo mismo. Nunca ninguna promesa de Dios ha fallado, y Su pueblo puede esperar en Él. Su fidelidad a Sus promesas no falla.

> De esa manera el Señor dio a Israel toda la tierra que había jurado dar a sus padres, y la poseyeron y habitaron en ella. Y el Señor les dio reposo en derredor, conforme a todo lo que había jurado a sus padres. Ninguno de sus enemigos pudo hacerles frente; el Señor entregó a todos sus enemigos en sus manos. No faltó ni una palabra de las buenas promesas que el Señor había hecho a la casa de Israel. Todas se cumplieron (Jos. 21:43-45).

Nunca habrá un lugar de verdadero reposo siguiendo el corazón perverso de nuestra humanidad. Solo en conocer a Dios y Su verdad, la humanidad encontrará descanso. Aun como gracia común, los pueblos que siguen los mandamientos de Dios encuentran paz en Su diseño.

Un contraste a través de toda la historia puede verse cuando el ser humano sigue su propio entendimiento o cuando decide abrazar las verdades de Dios. Generaciones pasadas han sido testimonio por siglos de cómo naciones completas viven siguiendo a Dios o negándolo. Él preservó a Su pueblo a través de generaciones por Su misericordia, para que Su propósito en Cristo fuese cumplido.

> También toda aquella generación fue reunida a sus padres. Y se levantó otra generación después de ellos que no conocía al Señor, ni la obra que Él había hecho por Israel [...] Entonces el Señor levantó jueces que los libraron de la mano de los que los saqueaban. Sin embargo, no escucharon a sus jueces, porque se prostituyeron siguiendo a otros dioses, y se postraron ante ellos. Se apartaron pronto del camino en que sus padres habían andado en obediencia a los mandamientos del Señor. No hicieron como *sus padres*. Cuando el Señor les levantaba jueces, el Señor estaba con el juez y los libraba de mano de sus enemigos todos los días del juez. Porque el Señor se compadecía por sus gemidos a causa de los que los oprimían y afligían (Jue. 2:10, 16-18).

Y en la historia de una mujer extranjera, Dios muestra cómo las naciones siempre han sido parte de Su plan, y en la ascendencia del Redentor, Dios suscribió a las naciones. Su misericordia se reveló no solo a una mujer, sino también a su familia, a su pueblo y los que fueron testigos por la Palabra escrita de cómo las naciones serían benditas a través de ellos.

> «Entonces las mujeres dijeron a Noemí: «Bendito sea el Señor que no te ha dejado hoy sin redentor; que su nombre sea célebre en Israel. Que el niño también sea para ti restaurador de tu vida y sustentador de tu vejez; porque tu nuera, que te ama y que es de más valor para ti que siete hijos, lo ha dado a luz» (Rut 4:14-15).

Y el pueblo de Dios, tentado a ser como los demás reinos y rechazar el gobierno y reinado de Dios, pidió un Rey. Dios, en Su misericordia, los confrontó con la necedad de rechazarlo. El pueblo de Dios no debe despreciar Sus mandamientos. Debemos tomar Su Palabra como mandatos y no como sugerencias para la vida. El libro de 1 Samuel narra un tiempo oscuro en la vida del pueblo. El rechazo de Dios no es poca cosa.

> Samuel dijo a Saúl: «Has obrado neciamente; no has guardado el mandamiento que el Señor tu Dios te ordenó, pues ahora el Señor hubiera establecido tu reino sobre Israel para siempre. Pero ahora tu reino no perdurará. El Señor ha buscado para sí un hombre conforme a Su corazón, y el Señor lo ha designado como príncipe sobre Su pueblo porque tú no guardaste lo que el Señor te ordenó» (1 Sam. 13:13-14).

Y Dios es quién asegura su propósito eterno. La promesa de Cristo, a David, es algo que Dios cumpliría el Rey eterno, seria establecido a partir de la descendencia de David. No porque David fuera irreprensible, pero por la gracia y voluntad de Dios su propósito se cumpliría. Por eso en los Salmos vemos un constante reconocimiento por parte de David, de la gracia y misericordia eterna de Dios. La piedad de David, lo movía a dependencia de Su Dios. Dios mismo establecería su propósito a través de Él.

> «Tu casa y tu reino permanecerán para siempre delante de Mí; tu trono será establecido para siempre». Conforme a todas estas palabras y conforme a toda esta visión, así Natán habló a David (2 Sam. 7:16-17).

Y a pesar de líneas de reyes infieles, el Rey que el pueblo rechazó permaneció fiel a Su propósito y a extender misericordia a ese pueblo infiel.

> Pero si en verdad ustedes o sus hijos se apartan de Mí y no guardan Mis mandamientos y Mis estatutos que he puesto delante de ustedes, y se van y sirven a otros dioses y los adoran, entonces cortaré a Israel de sobre la superficie de la tierra que les he dado; y la casa que he consagrado a Mi nombre la echaré de Mi presencia, e Israel se convertirá en refrán y escarnio entre todos los pueblos (1 Rey. 9:6-7).

La Palabra de Dios no faltó. Hubo abundantes y constantes llamadas a los reyes, sacerdotes, líderes y al pueblo en general. La predicación del llamado al arrepentimiento, a volver a la ley de Dios, a la adoración del Rey, no faltaron. Como Padre que amonesta y disciplina a Sus hijos, Dios no dejó de reprenderlos, advertirles sobre el juicio que experimentarían como nación, y de anunciar las promesas de que preservaría a un remanente para el Mesías, a través de quien vendría la salvación y el establecimiento del reino.

> El Señor amonestaba a Israel y a Judá por medio de todos Sus profetas *y* de todo vidente, diciendo: «Vuélvanse de sus malos caminos y guarden Mis mandamientos, Mis estatutos conforme a toda la ley que ordené a sus padres y que les envié por medio de Mis siervos los profetas». Sin embargo, ellos no escucharon, sino que fueron tercos como sus padres, que no creyeron en el Señor su Dios (2 Rey. 17:13-14).

La incredulidad lleva a la desobediencia. Creer y conocer la Palabra del Señor lleva a una adoración en Espíritu y en verdad. Aun en medio de un pueblo infiel, Él promete Su presencia a los que son fieles a Él, por amor de Su nombre. Ningún Dios es como Él, glorioso, soberano e incomparable.

> Tuya es, oh Señor, la grandeza y el poder y la gloria y la victoria y la majestad, en verdad, todo lo que hay en los cielos y en la tierra; Tuyo es el dominio, oh Señor, y te exaltas como soberano sobre todo (1 Crón. 29:11).

Un pueblo que, por el contrario, se humilla, experimenta la sanidad de Dios y Su presencia. El Señor no pedía una vida perfecta, pues muchas generaciones habían demostrado que no podían, sino que prometió un Salvador que solo podría ser ¡Él mismo! Pero ellos tenían que reconocer su inhabilidad y pedir Su salvación. La humildad sería la clave para aquellos que invocaran Su nombre.

> [Si] se humilla Mi pueblo sobre el cual es invocado Mi nombre, y oran, buscan Mi rostro y se vuelven de sus malos caminos, entonces Yo oiré desde los cielos, perdonaré su pecado y sanaré su tierra (2 Crón. 7:14).

Como consecuencia de una vida que se negaba servir a un Dios bueno, recibieron lo que deseaban: servir a humanos y ser esclavos de los deseos esclavizantes de otros dioses. Finalmente, en la oración de Esdras, vemos lo que el pueblo tardó años en reconocer. Lamentablemente, esto solo revelaba el corazón de aquellos que amaban la ley de Dios, que fueron la minoría. A pesar de las infidelidades de la mayoría, Dios extendió misericordia y salvación por amor de Su nombre, por fidelidad a Sus promesas y porque el Mesías habría de venir.

> Porque siervos somos; pero en nuestra servidumbre, nuestro Dios no nos ha abandonado, sino que ha extendido Su misericordia sobre nosotros ante los ojos de los reyes de Persia, dándonos ánimo para levantar la casa de nuestro Dios y para restaurar sus ruinas, y dándonos una muralla en Judá y en Jerusalén (Esd. 9:9).

Dios había prometido traerlos de regreso a su tierra porque en esa tierra, tal como había anunciado a través de los profetas, vendría y nacería el Mesías. El Mesías proclamaría libertad a los cautivos. Allí sería sacrificado y lo verían resucitar. Pero la ciudad debía ser reconstruida y la adoración restaurada, porque en ese templo, el Mesías habría de proclamar Su verdad.

> La muralla fue terminada el veinticinco del mes de Elul, en cincuenta y dos días. Cuando se enteraron todos nuestros enemigos y lo vieron todas las naciones que estaban alrededor nuestro, decayó su ánimo; porque reconocieron que esta obra había sido hecha con la ayuda de nuestro Dios (Neh. 6:15-16).

Sin embargo, pronto llegarían amenazas de exterminio al pueblo, y planes humanos contra el Dios eterno. El odio contra los judíos era solo una muestra del rechazo y el plan del maligno contra el Rey eterno de esos judíos. Dios traería liberación y alivio de los intentos de exterminio no solo del pueblo judío, sino también del cumplimiento de la promesa de salvación para todas las naciones, que vendría a través de ellos en Jesús. Sin pueblo judío, no habría un salvador de entre los descendientes de David. La promesa habría fallado. Y el enemigo de Dios y Su pueblo nunca desperdiciará los intentos para continuar su rebelión.

> Porque si permaneces callada en este tiempo, alivio y liberación vendrán de otro lugar para los judíos, pero tú y la casa de tu padre perecerán. ¿Y quién sabe si para una ocasión como ésta tú habrás llegado a ser reina? (Est. 4:14).

El que adora en el sufrimiento es un estandarte de alabanza a la gloria de Dios. Pero vivir vidas rectas no siempre eximiría a los que buscaban obedecer a Dios y honrar Sus propósitos. Así como Dios no escatimaría el sufrimiento al Justo de los justos, permitió también el sufrimiento de Job. Y en el sufrimiento, Job verdaderamente lo conoció. Jesús prometió aflicciones a los que son suyos. Job fue una muestra que apuntaba al sufrimiento que habría de venir y cómo al final Dios es glorificado en el sufrimiento de los suyos. Su nombre sería proclamado, Su carácter conocido, y nadie saldría del sufrimiento en manos de Dios de la misma forma en que entró.

> He sabido de Ti solo de oídas, pero ahora mis ojos te ven. Por eso me retracto, y me arrepiento en polvo y ceniza (Job 42:5-6).

Y todo el que reconoce a Dios y Sus propósitos debe, como consecuencia de ese conocimiento, alabarlo.

> Todo lo que respira alabe al Señor. ¡Aleluya! (Sal. 150:6).

Dios espera, por tanto, que los que lo conocen lo hagan viviendo vidas de piedad coherentes con ese conocimiento.

> Confía en el Señor con todo tu corazón, y no te apoyes en tu propio entendimiento. Reconócelo en todos tus caminos, y Él enderezará tus sendas. No seas sabio a tus propios ojos; teme al Señor y apártate del mal. Será medicina para tu cuerpo y alivio para tus huesos (Prov. 3:5-8).

Veamos cómo Eclesiastés y Cantares nos apuntan a meditar en el carácter del Señor.

> La conclusión, cuando todo se ha oído, es esta:
>
> Teme a Dios y guarda Sus mandamientos, porque esto concierne a toda persona. Porque Dios traerá toda obra a juicio, junto con todo lo oculto, sea bueno o sea malo (Ecl. 12:13-14).
>
> **EL ESPOSO:**
> «Debajo del manzano te desperté;
> Allí tu madre tuvo dolores de parto por ti,
> Allí tuvo dolores de parto, y dio a luz».
>
> **LA ESPOSA:**
> «Ponme como un sello sobre tu corazón,
> Como un sello sobre tu brazo,
> Porque fuerte como la muerte es el amor,

Inexorables como el Seol, los celos;
Sus destellos, son destellos de fuego,
La llama misma del Señor.
Las muchas aguas no podrán extinguir el amor,
Ni los ríos lo apagarán.
Si el hombre diera todos los bienes de su casa por amor,
Solo lograría desprecio» (Cant. 8:6-7).

Asimismo, los Profetas Mayores —Isaías, Jeremías, Lamentaciones, Ezequiel y Daniel— nos permiten entender que el Señor es el Salvador, el Dios, que la tierra es suya, que Él es misericordioso, que reunirá a Su pueblo, que es el Altísimo.

«Yo, Yo soy el Señor,
Y fuera de Mí no hay salvador.
Yo soy el que *lo* he anunciado, he salvado y *lo* he proclamado,
Y no hay entre ustedes *dios* extraño.
Ustedes, pues, son Mis testigos», declara el Señor,
«Y Yo soy Dios.
Aun desde la eternidad, Yo soy,
Y no hay quien libre de Mi mano.
Yo actúo, ¿y quién lo revocará?» (Isa. 43:11-13).

«Sin embargo, aun en aquellos días», declara el Señor, «no llevaré a cabo una destrucción total de ustedes. Y cuando te pregunten: "¿Por qué el Señor nuestro Dios nos ha hecho todo esto?". Les dirás: "Así como ustedes me dejaron y sirvieron a dioses extraños en su tierra, así servirán a extranjeros en una tierra que no es la de ustedes"» (Jer. 5:18-19).

Porque el Señor no rechaza para siempre,
Antes bien, si aflige, también se compadecerá
Según Su gran misericordia.
Porque Él no castiga por gusto
Ni aflige a los hijos de los hombres (Lam. 3:31-33).

Por tanto, di: «Así dice el Señor Dios: "Aunque los había echado lejos entre las naciones, y aunque Yo los había dispersado por las tierras, sin embargo, fui para ellos un santuario por poco tiempo en las tierras adonde habían ido"». Por tanto, di: «Así dice el Señor Dios: "Yo los recogeré de entre los pueblos y los reuniré de las tierras entre las cuales han sido dispersados, y les daré la tierra de Israel"» (Ezeq. 11:16-17).

«Esta sentencia es por decreto de los vigilantes,
Y la orden es por decisión de los santos,
Con el fin de que sepan los vivientes
Que el Altísimo domina sobre el reino de los hombres,
Y se lo da a quien le place,
Y pone sobre él al más humilde de los hombres» (Dan. 4:17).

Por otro lado, los Profetas Menores —Oseas, Joel, Amós, Abdías, Jonás, Miqueas, Nahúm, Habacuc, Sofonías, Hageo, Zacarías y Malaquías— nos hablan de que en la tierra hay pecado, que el Señor es poderoso y que los seres humanos deben volver a Él de corazón, que debemos buscar al Señor, tener fe en Él y esperar en Él.

Cuando por primera vez el Señor habló por medio de Oseas, el Señor le dijo: «Ve, toma para ti a una mujer ramera y ten con ella hijos de prostitución; porque la tierra se prostituye gravemente, abandonando al Señor» (Os. 1:2).

El Señor da Su voz delante de Su ejército, Porque es inmenso Su campamento, Porque poderoso es el que ejecuta Su palabra. Grande y terrible es en verdad el día del Señor, ¿Y quién podrá soportarlo? «Aun ahora», declara el Señor, «vuelvan a Mí de todo corazón, con ayuno, llanto y lamento» (Joel 2:11-12).

Busquen al Señor y vivirán,
No sea que Él les caiga como fuego, oh casa de José,
Y consuma a Betel sin que haya quien lo apague;
Consuma a los que convierten el juicio en ajenjo
Y echan por tierra la justicia (Amós 5:6-7).

Por la violencia contra tu hermano Jacob,
Te cubrirá la vergüenza,
Y serás cortado para siempre (Abd. 1:10).

Entonces Jonás comenzó a recorrer la ciudad camino de un día, y proclamaba: «Dentro de cuarenta días Nínive será arrasada».

Entonces, los habitantes de Nínive creyeron en Dios, y proclamaron ayuno y se vistieron de cilicio desde el mayor hasta el menor de ellos (Jon. 3:4-5).

Él te ha declarado, oh hombre, lo que es bueno.
¿Y qué es lo que demanda el Señor de ti,
Sino sólo practicar la justicia, amar la misericordia,
Y andar humildemente con tu Dios? (Miq. 6:8).

Y sucederá que todo el que te vea
Huirá de ti, y dirá:
«¡Asolada está Nínive!
¿Quién llorará por ella?».
¿Dónde te buscaré consoladores? (Nah. 3:7).

Así es el orgulloso:
En él, su alma no es recta,
Mas el justo por su fe vivirá (Hab. 2:4).

«Por tanto, espérenme», declara el Señor,
«Hasta el día en que me levante como testigo,
Porque Mi decisión es reunir a las naciones,
Juntar a los reinos,
Para derramar sobre ellos Mi indignación,
Todo el ardor de Mi ira.
Porque por el fuego de Mi celo
Toda la tierra será consumida» (Sof. 3:8).

Entonces Hageo, mensajero del Señor, por mandato del Señor, habló al pueblo: «Yo estoy con ustedes», declara el Señor. Y el Señor despertó el espíritu de Zorobabel, hijo de Salatiel, gobernador de Judá, y el espíritu del sumo sacerdote Josué, hijo de Josadac, y el espíritu de todo el remanente del pueblo. Así que vinieron y comenzaron la obra en la casa del Señor de los ejércitos, su Dios» (Hag. 1:13-14).

«Y dile: "Así dice el Señor de los ejércitos: 'Vendrá un hombre cuyo nombre es Renuevo, porque Él brotará del lugar donde está y reedificará el templo del Señor. Sí, Él reedificará el templo del Señor, y Él llevará gloria y se sentará y gobernará en Su trono. Será sacerdote sobre Su trono y habrá consejo de paz entre los dos oficios'"» (Zac. 6:12-13).

«Yo envío a Mi mensajero, y él preparará el camino delante de Mí. Y vendrá de repente a Su templo el Señor a quien ustedes buscan; el mensajero del pacto en quien ustedes se complacen, ya viene», dice el Señor de los ejércitos. «¿Pero quién podrá soportar el día de Su venida?

> ¿Y quién podrá mantenerse en pie cuando Él aparezca? Porque Él es como fuego de fundidor y como jabón de lavanderos» (Mal 3:1-2).

Al iniciar el Nuevo Testamento, tenemos los cuatro Evangelios —Mateo, Marcos, Lucas y Juan—, que muestran a Jesús como Rey, como Hijo de Dios, como el Hijo del Hombre, el Cristo, el Camino, la Verdad y la Vida.

> Pusieron sobre Su cabeza la acusación contra Él, que decía: «ESTE ES JESÚS, EL REY DE LOS JUDÍOS» (Mat. 27:37).
>
> Porque ni aun el Hijo del Hombre vino para ser servido, sino para servir, y para dar Su vida en rescate por muchos (Mar. 10:45).
>
> ... porque el Hijo del Hombre ha venido a buscar y a salvar lo que se había perdido (Luc. 19:10).
>
> Y muchas otras señales hizo también Jesús en presencia de Sus discípulos, que no están escritas en este libro; pero éstas se han escrito para que ustedes crean que Jesús es el Cristo, el Hijo de Dios; y para que al creer, tengan vida en Su nombre (Juan 20:30-31).
>
> Jesús le dijo: «Yo soy el camino, la verdad y la vida; nadie viene al Padre sino por Mí. Si ustedes me hubieran conocido, también hubieran conocido a Mi Padre; desde ahora lo conocen y lo han visto» (Juan 14:6-7).

Entonces, después de que Jesús murió y resucitó, entrego una comisión a Sus discípulos que solamente podía ser cumplida por el Espíritu Santo que vendría sobre ellos.

> «... pero recibirán poder cuando el Espíritu Santo venga sobre ustedes; y serán Mis testigos en Jerusalén, en toda Judea y Samaria, y hasta los confines de la tierra». Después de haber dicho estas cosas, fue elevado mientras ellos miraban, y una nube lo recibió y lo ocultó de sus ojos (Hech. 1:8-9).

Dentro de Hechos, leemos sobre la conversión de Saulo o Pablo, quien posteriormente se convierte en el escritor de varias cartas a las iglesias en Roma, Corinto, Galacia, Éfeso y Filipos, a quienes una y otra vez les recuerda la salvación por la fe, la justicia de Dios, el poder del evangelio de Cristo, la nueva identidad en Cristo y la obra futura.

> Pero ahora, aparte de la ley, la justicia de Dios ha sido manifestada, confirmada por la ley y los profetas. Esta justicia de Dios por medio de la fe en Jesucristo es para todos los que creen. Porque no hay distinción, por cuanto todos pecaron y no alcanzan la gloria de Dios.
>
> Todos son justificados gratuitamente por Su gracia por medio de la redención que es en Cristo Jesús, a quien Dios exhibió públicamente como propiciación por Su sangre a través de la fe, como demostración de Su justicia, porque en Su tolerancia, Dios pasó por alto los pecados cometidos anteriormente (Rom. 3:21-25).

> Todas sus cosas sean hechas con amor (1 Cor. 16:14).

> Y Él me ha dicho: «Te basta Mi gracia, pues Mi poder se perfecciona en la debilidad». Por tanto, con muchísimo gusto me gloriaré más bien en mis debilidades, para que el poder de Cristo more en mí. Por eso me complazco en las debilidades, en insultos, en privaciones, en persecuciones y en angustias por amor a Cristo, porque cuando soy débil, entonces soy fuerte (2 Cor. 12:9-10).

> Para libertad fue que Cristo nos hizo libres. Por tanto, permanezcan firmes, y no se sometan otra vez al yugo de esclavitud (Gál. 5:1).

> Porque somos hechura Suya, creados en Cristo Jesús para hacer buenas obras, las cuales Dios preparó de antemano para que anduviéramos en ellas (Ef. 2:10).

> Por tanto, si hay algún estímulo en Cristo, si hay algún consuelo de amor, si hay alguna comunión del Espíritu, si algún afecto y compasión, hagan completo mi gozo, siendo del mismo sentir, conservando el mismo amor, unidos en espíritu, dedicados a un mismo propósito (Fil. 2:1-2).

De la misma forma, Pedro, quien es descrito en Hechos, dirige sus cartas a los creyentes expatriados por causa de la persecución en Ponto, Galacia, Capadocia, Asia y Betania.

> Por tanto, amados, sabiendo esto de antemano, estén en guardia, no sea que, arrastrados por el error de hombres libertinos, caigan de su firmeza. Antes bien, crezcan en la gracia y el conocimiento de nuestro Señor y Salvador Jesucristo. A Él *sea* la gloria ahora y hasta el día de la eternidad. Amén (2 Ped. 3:17-18).

Pablo también escribe cartas a las iglesias en Colosas, Tesalónica, y cartas pastorales a Timoteo, que estaba en Éfeso, a Tito, quien estaba en Creta, para enseñar, exhortar, confirmar y fortalecer a la iglesia con la verdad del evangelio y explicar su nueva vida en Cristo.

> Él es también la cabeza del cuerpo que es la iglesia. Él es el principio, el primogénito de entre los muertos, a fin de que Él tenga en todo la primacía. 19 Porque agradó al Padre que en Él habitara toda la plenitud (Col. 1:18-19).
>
> Que el Señor los haga crecer y abundar en amor unos para con otros, y para con todos, como también nosotros lo hacemos para con ustedes; a fin de que Él afirme sus corazones irreprensibles en santidad delante de nuestro Dios y Padre, en la venida de nuestro Señor Jesús con todos Sus santos (1 Tes. 3:12-13).
>
> Así que, hermanos, estén firmes y conserven las doctrinas que les fueron enseñadas, ya de palabra, ya por carta nuestra. Y que nuestro Señor Jesucristo mismo, y Dios nuestro Padre, que nos amó y nos dio consuelo eterno y buena esperanza por gracia, 17 consuele sus corazones y los afirme en toda obra y palabra buena (2 Tes. 2:15-17).
>
> Te escribo estas cosas, esperando ir a verte pronto, pero en caso que me tarde, te escribo para que sepas cómo debe conducirse uno en la casa de Dios, que es la iglesia del Dios vivo, columna y sostén de la verdad (1 Tim. 3:14-15).
>
> Tú, pues, hijo mío, fortalécete en la gracia que hay en Cristo Jesús. Y lo que has oído de mí en la presencia de muchos testigos, eso encarga a hombres fieles que sean capaces de enseñar también a otros (2 Tim. 2:1-2).
>
> Porque la gracia de Dios se ha manifestado, trayendo salvación a todos los hombres, enseñándonos, que, negando la impiedad y los deseos mundanos, vivamos en este mundo sobria, justa y piadosamente, aguardando la esperanza bienaventurada y la manifestación de la gloria de nuestro gran Dios y Salvador Cristo Jesús (Tito 2:11-13).

Leemos también las cartas que Juan envió a la iglesia, a miembros de las iglesias como Gayo, para exhortarlos y animarlos en la fe. También leemos a Judas cuando le escribe a la iglesia con el mismo animo en la fe.

> Y este es Su mandamiento: que creamos en el nombre de Su Hijo Jesucristo, y que nos amemos unos a otros como Él nos ha mandado (1 Jn. 3:23).

> Si alguien viene a ustedes y no trae esta enseñanza, no lo reciban en casa, ni lo saluden (2 Jn. 10).

> Amado, estás obrando fielmente en lo que haces por los hermanos, y sobre todo cuando se trata de extraños.6 Porque ellos dan testimonio de tu amor ante la iglesia. Harás bien en ayudarlos a proseguir su viaje de una manera digna de Dios (3 Jn. 5-6).

> Amados, por el gran empeño que tenía en escribirles acerca de nuestra común salvación, he sentido la necesidad de escribirles exhortándolos a luchar ardientemente por la fe que de una vez para siempre fue entregada a los santos (Jud. 3).

Finalmente, leemos a Juan cuando les escribe a siete iglesias para exhortarlas y animarlas en medio de las dificultades a permanecer fieles al Señor poniendo su esperanza en la segunda venida de Cristo.

> Ellos pelearán contra el Cordero, pero el Cordero los vencerá, porque Él es Señor de señores y Rey de reyes, y los que están con Él son llamados, escogidos y fieles (Apoc. 17:14).

Lee, lee y continúa leyendo el panorama de los libros completos, y a la vez textos específicos en cada libro. Necesitamos que Génesis nos ayude a entender el significado del Apocalipsis. La Biblia empieza con un jardín y termina con una gran ciudad. La Biblia inicia con Dios habitando con el hombre y transcurre mientras Dios establece esa relación de cercanía y habitación con el hombre hasta Apocalipsis: un jardín, un tabernáculo, un templo, templos humanos, una gran ciudad sin luz, sin lumbreras, sin templo porque Dios mismo es todo eso.

> No vi en ella templo alguno, porque su templo es el Señor, el Dios Todopoderoso, y el Cordero.
>
> La ciudad no tiene necesidad de sol ni de luna que la iluminen, porque la gloria de Dios la ilumina, y el Cordero es su lumbrera. Las naciones andarán a su luz y los reyes de la tierra traerán a ella su gloria.

> Sus puertas nunca se cerrarán de día (pues allí no habrá noche); y traerán a ella la gloria y el honor de las naciones.
>
> Jamás entrará en ella nada inmundo, ni el que practica abominación y mentira, sino solo aquellos cuyos nombres están escritos en el libro de la vida del Cordero (Apoc. 21:22-27).

Deja que la Palabra de gracia te asombre en cada página de las Escrituras, y que te sorprenda que eres receptora de la bondad divina. La misma bondad y gracia que experimentaron otros. El amor que experimentaron Adán y Eva en el jardín, los patriarcas, el pueblo de Israel, los sacerdotes fieles, los jueces, los reyes y los profetas de Dios que vivieron Su misericordia. Hoy, tienes el privilegio de haber visto el testimonio y la obra salvífica completa del Hijo de Dios, que los profetas anhelaron ver. En palabras de Jesús: «Porque en verdad les digo que muchos profetas y justos desearon ver lo que ustedes ven, y no lo vieron; y oír lo que ustedes oyen, y no lo oyeron» (Mat. 13:17).

Ningún libro en la historia de la Biblia está desconectado del panorama general. Cada uno plasma a Cristo en carácter, en obra presente o futura. Cada libro revela la incapacidad del ser humano de vivir la vida que está llamado a vivir. La Palabra de Dios no es solo la guía, sino también la vida y la esperanza que te animan, te exhortan, te forman, y te dan propósito para que vivas conforme a Su voluntad que es buena, agradable y perfecta.

Ejercicio de aplicación

Hagamos un ejercicio de memorización. Escribe este versículo en una hoja varias veces y memorízalo: «Ustedes examinan las Escrituras porque piensan tener en ellas la vida eterna. ¡Y son ellas las que dan testimonio de Mí! Pero ustedes no quieren venir a Mí para que tengan esa vida» (Juan 5:39-40).

Apéndice I

Codificación de Colores

Epístola del apóstol Pablo a TITO

OBSERVACIÓN	
Pregunta **¿quién?**	
Preguntas relacionadas con la **Trinidad**.	
Pregunta **¿qué? (eventos)**	[ ]
Pregunta **¿dónde?**	
Pregunta **¿cuándo?**	[
Observa **contrastes**	↔
Observa declaraciones **condicionales**.	( )
Observa repeticiones	2x, _x
Observa **palabras claves**.	
Observa **conectores** importantes que reflejan razones, resultados y conclusiones	
Observa **mandatos**	[ ],
Observa **promesas y predicciones**	!
Observa emoción, modo, atmósfera	
Observa **progresión**	↓
Observa el inicio o introducción y la conclusión de una porción o del libro	[i, c.]
Observa **pronombres personales y posesivos**	O
Observa los tiempos verbales	
Observa las ilustraciones usadas	i
Observa figuras del lenguaje	f. L.
Observa preguntas y respuestas	
Observa los énfasis del autor	!!
Observa las listas	|
Observa la lógica o intención del autor	
Liste o anote las cosas que NO ENTIENDES	¿a qué se refiere?

Tito 1-3
Reina-Valera 1960

1 Pablo, siervo de Dios y apóstol de Jesucristo, conforme a la fe de los escogidos de Dios y el conocimiento de la verdad que es según la piedad, [2] en la esperanza de la vida eterna, la cual Dios, que no miente, prometió desde antes del principio de los siglos, [3] y a su debido tiempo manifestó su palabra por medio de la predicación que me fue encomendada por mandato de Dios nuestro Salvador, [4] a Tito, verdadero hijo en la común fe: Gracia, misericordia y paz, de Dios Padre y del Señor Jesucristo nuestro Salvador.

[5] Por esta causa te dejé en Creta, para que corrigieses lo deficiente, y establecieses ancianos en cada ciudad, así como yo te mandé; [6] el que fuere irreprensible, marido de una sola mujer, y tenga hijos creyentes que no estén acusados de disolución ni de rebeldía. [7] Porque es necesario que el obispo sea irreprensible, como administrador de Dios; no soberbio, no iracundo, no dado al vino, no pendenciero, no codicioso de ganancias deshonestas, [8] sino hospedador, amante de lo bueno, sobrio, justo, santo, dueño de sí mismo, [9] retenedor de la palabra fiel tal como ha sido enseñada, para que también pueda exhortar con sana enseñanza y convencer a los que contradicen. [10] Porque hay aún muchos contumaces, habladores de vanidades y engañadores, mayormente los de la circuncisión, [11] a los cuales es preciso tapar la boca; que trastornan casas enteras, enseñando por ganancia deshonesta lo que no conviene. [12] Uno de ellos, su propio profeta, dijo: Los cretenses, siempre mentirosos, malas bestias, glotones ociosos. [13] Este testimonio es verdadero; por tanto, repréndelos duramente, para que sean sanos en la fe, [14] no atendiendo a fábulas judaicas, ni a mandamientos de hombres que se apartan de la verdad. [15] Todas las cosas son puras para los puros, mas para los corrompidos e incrédulos nada les es puro; pues hasta su mente y su conciencia están corrompidas. [16] Profesan conocer a Dios, pero con los hechos lo niegan, siendo abominables y rebeldes, reprobados en cuanto a toda buena obra.

2 Pero tú habla lo que está de acuerdo con la sana doctrina. [2] Que los ancianos sean sobrios, serios, prudentes, sanos en la fe, en el amor, en la paciencia. [3] Las ancianas asimismo sean reverentes en su porte; no calumniadoras, no esclavas del vino, maestras del bien; [4] que enseñen a las mujeres jóvenes a amar a sus maridos y a sus hijos, [5] a ser prudentes, castas, cuidadosas de su casa, buenas, sujetas a sus maridos, para que la palabra de Dios no sea blasfemada. [6] Exhorta asimismo a los jóvenes a que sean prudentes; [7] presentándote tú en todo como ejemplo de buenas obras; en la enseñanza mostrando integridad, seriedad, [8] palabra sana e irreprochable, de modo que el adversario se avergüence, y no tenga nada malo que decir de vosotros. [9] Exhorta a los siervos a que se sujeten a sus amos, que agraden en todo, que no sean respondones; [10] no defraudando, sino mostrándose fieles en todo, para que en todo adornen la doctrina de Dios nuestro Salvador.

[11] Porque la gracia de Dios se ha manifestado para salvación a todos los hombres, [12] enseñándonos que, renunciando a la impiedad y a los deseos mundanos, vivamos en este siglo sobria, justa y piadosamente, [13] aguardando la esperanza bienaventurada y la manifestación gloriosa de nuestro gran Dios y Salvador Jesucristo, [14] quien se dio a sí mismo por nosotros para redimirnos de toda iniquidad y purificar para sí un pueblo propio, celoso de buenas obras.

[15] Esto habla, y exhorta y reprende con toda autoridad. Nadie te menosprecie.

3 Recuérdales que se sujeten a los gobernantes y autoridades, que obedezcan, que estén dispuestos a toda buena obra. [2] Que a nadie difamen, que no sean pendencieros, sino amables, mostrando toda mansedumbre para con todos los hombres. [3] Porque nosotros también éramos en otro tiempo insensatos, rebeldes, extraviados, esclavos de concupiscencias y deleites diversos, viviendo en malicia y envidia, aborrecibles, y aborreciéndonos unos a otros. [4] Pero cuando se manifestó la bondad de Dios nuestro Salvador, y su amor para con los hombres, [5] nos salvó, no por obras de justicia que nosotros hubiéramos hecho, sino por su misericordia, por el lavamiento de la regeneración y por la renovación en el Espíritu Santo, [6] el cual derramó en nosotros abundantemente por Jesucristo nuestro Salvador, [7] para que justificados por su gracia, viniésemos a ser herederos conforme a la esperanza de la vida eterna.

[8] Palabra fiel es esta, y en estas cosas quiero que insistas con firmeza, para que los que creen en Dios procuren ocuparse en buenas obras. Estas cosas son buenas y útiles a los hombres. [9] Pero evita las cuestiones necias, y genealogías, y contenciones, y discusiones acerca de la ley; porque son vanas y sin provecho. [10] Al hombre que cause divisiones, después de una y otra amonestación deséchalo, [11] sabiendo que el tal se ha pervertido, y peca y está condenado por su propio juicio.

[12] Cuando envíe a ti a Artemas o a Tíquico, apresúrate a venir a mí en Nicópolis, porque allí he determinado pasar el invierno. [13] A Zenas intérprete de la ley, y a Apolos, encamínales con solicitud, de modo que nada les falte. [14] Y aprendan también los nuestros a ocuparse en buenas obras para los casos de necesidad, para que no sean sin fruto.

[15] Todos los que están conmigo te saludan. Saluda a los que nos aman en la fe.

La gracia sea con todos vosotros. Amén.

Reina-Valera 1960 **(RVR1960)**

Tito: Sana doctrina para la piedad

VERSÍCULOS CLAVES 2:11-14: [11] Porque la gracia de Dios se ha manifestado, trayendo salvación a todos los hombres, [12] enseñándonos, que negando la impiedad y los deseos mundanos, vivamos en este mundo sobria, justa y piadosamente, [13] aguardando la esperanza bienaventurada y la manifestación de la gloria de nuestro gran Dios y Salvador Cristo Jesús. [14] Él se dio por nosotros, para redimirnos de toda iniquidad y purificar para Sí un pueblo para posesión Suya, celoso de buenas obras.

Enseña sana doctrina			Vive de acuerdo a la sana doctrina	
Doctrina y enseñanza para la fe			Obediencia y piedad por fe y gracia	
1:1 La palabra fiel enseñada	1:10 Los frutos de la mala doctrina	2:1 Ejemplos de vida en buena doctrina	2:11 Un pueblo celoso de buenas obras	3:1 Salvación: bondad de Dios manifiesta

1.7 verses / cm

Segmento 1: La palabra fiel enseñada 1:1~9

Personaje: Pablo, siervo de Dios y apóstol de Jesucristo (1:1) Al escribir estas líneas, Pablo se identifica primeramente como alguien al servicio de Dios. Un apóstol (apóstolos-gr.652) en el sentido semántico de la palabra era alguien enviado. Esta identificación aparece unas 80x en el N.T. y era un saludo común de Pablo sobre todo al escribir a las iglesias y a sus mentoreados. Él había sido enviado a una misión por Jesucristo, comisionado por Cristo para presentarlo y representarlo especialmente ante los gentiles. Unos versos más adelante él recuerda a Tito que como Pablo fue enviado con una misión específica así Tito era enviado por él en el nombre de Cristo. En este punto de la historia, Pablo había padecido y continuado fiel a Cristo por casi dos décadas, por lo que Tito podría recordar ante cualquier adversidad que estuviera atravesando, que Pablo sabía de primera mano lo que él pudiera estar sintiendo y padeciendo, y lo difícil y retadora que podría ser la tarea por delante y sin embargo, el mismo Jesús que estuvo y envió a Pablo, estaría también con él.

Verdad Eterna: Todo creyente y ministro de Cristo debe recordar que el mismo Jesús que ha enviado a otros antes, es el mismo que estará con todos hasta el final.

Aplicación Personal: En estos momentos en donde puedo sentirme sola o abandonada debo recordar a qué Dios me envió en Latinoamérica, a enseñar sana doctrina mientras no descuido mi propia vida para también vivirla y ser testigo fiel.

Conector: conforme a la fe de los escogidos de Dios (1:1) Esta forma particular da un sentido de igualdad a los escogidos con el autor de la carta. El sentido de identificación de Pablo les recuerda que ellos son igualmente pecadores, que de igual manera fueron salvados no por méritos propios, ni por ascendencia, sino por gracia por medio

1:1 Pablo siervo de Dios
conforme a la fe de los escogidos
el conocimiento de la verdad
según la piedad
Dios no miente prometió
predicación encomendada por mandato de Dios
1:4 a Tito
verdadero hijo en la fe
1:4b Saludos
gracia misericordia y paz
1:5 Por esta causa te dejé en Creta
para que corrigieses lo deficiente
y establecieses ancianos
en cada ciudad
Porque es necesario que el obispo sea irreprensible
retenedor de la palabra fiel enseñada
para que también pueda exhortar con sana enseñanza

0.6 verses / cm

RESUMEN: En esta sección Pablo le recuerda a Tito su misión y no solo el qué debía hacer sino también cómo. También le recuerda los requisitos para cualquier anciano que colocara sobre las iglesias los cuales a su vez tenía que guardar Tito en sí mismo siendo ejemplo para otros. Desarrollar y establecer líderes no es tarea fácil ni tampoco es un llamado para cualquiera, pues se requiere ser fiel a la sana doctrina y vivirla para que la iglesia pueda ser sana y fiel testigo de Cristo.

de la fe como don de Dios para todos los que creen. Para Tito este recordatorio podría hablar a cualquier sentido de incapacidad, pues al igual que él, Pablo le recuerda que sirven a la iglesia, primariamente a los escogidos por Dios. **Verdad eterna**: En Cristo, todos los que sirven son iguales a los servidos en el sentido de que son esclavos de Cristo por amor y les recuerda que ante la cruz todos han sido salvos eternamente por la fe y no por ningún logro o mérito.

Frase clave: conocimiento de la verdad que es según la piedad (1:1) la verdad que se vive es la verdadera verdad que se cree. Este pensamiento que Pablo le enfatiza a Tito es como frase de apertura un llamado a la coherencia de los líderes. Cristo es la verdad encarnada y es de esperarse que aquellos que son enviados por al a cumplir su misión sean fieles representantes de su persona. Las palabras y la verdad predicada del evangelio son importante, pero la verdadera doctrina que alguien cree se revela en su vida, en su afecto y obediencia a esa verdad. La simple articulación de la verdad no es verdaderamente lo que alguien cree si no la vive. La verdad vivida revela la verdad creída y no al revés. Esto debía animar a Tito a vivir conforme al evangelio en un lugar y condiciones ministeriales difíciles.

Conector: para que también pueda exhortar con sana enseñanza y convencer (1:9) el listado que define lo que se espera de un anciano o líder que sea irreprensible, de un anciano en la iglesia local, tiene un propósito. La autoridad y efectividad de un líder está cercanamente relacionada a su testimonio; la importancia o tamaño de la ciudad en donde servirían no hacia diferencia, era esperado lo mismo de todos. Pablo le deja claro a Tito, que era esperado de él y de aquellos a quienes él designara en el liderazgo de las iglesias locales, implicando que no tendrían calidad moral o autoridad de Dios si sus testimonios y formas de vivir contradecían lo que el evangelio enseña e imparte. Creyentes coherentes y no líderes que contradicen el evangelio no solo en lo que enseñan sino en como viven. **Verdad Eterna**: los líderes deben ser coherentes con lo que enseñan.

Apéndice II

LA DECLARACION DE CHICAGO SOBRE LA INFALIBILIDAD BÍBLICA (1978)

PREFACIO

La autoridad de las Escrituras es un elemento central para la Iglesia Cristiana tanto en esta época como en toda otra. Los que profesan su fe en Jesucristo como Señor y Salvador son llamados a demostrar la realidad del discipulado obedeciendo la Palabra escrita de Dios en una forma humilde y fiel. El apartarse de las Escrituras en que se refiere a fe y conducta es demostrar deslealtad a nuestro Señor.

El reconocimiento de la verdad total y de la veracidad de las Santas Escrituras es esencial para captar y confesar su autoridad en una forma completa y adecuada. La Declaración siguiente afirma esta inerrabilidad de las Escrituras dándole un nuevo enfoque, haciendo más clara su comprensión y sirviéndonos de advertencia en caso de denegación. Estamos convencidos de que el acto de negarla es como poner a un lado el testimonio de Jesucristo y del Espíritu Santo, como también el no someterse a las demandas de la Palabra de Dios que es el signo de la verdadera fe cristiana. Reconocemos que es nuestra responsabilidad hacer esta Declaración al encontramos con la presente negación de la inerrabilidad que existe entre cristianos, y los malentendidos que hay acerca de esta doctrina en el mundo en general.

Esta Declaración consta de tres partes: un Resumen, los Artículos de Afirmación y de Negación, y una Exposición que acompaña a éstos, la cual no estará incluida en este escrito. Todo esto ha sido preparado durante tres días de estudio consultivo en Chicago. Los que firmaron el Resumen y los Artículos desean declarar sus propias convicciones acerca de la inerrabilidad de las Escrituras; también desean alentar y desafiar a todos los cristianos a crecer en la apreciación y entendimiento de esta doctrina. Reconocemos las limitaciones de un documento preparado en una breve e intensa conferencia, y de ninguna manera proponemos que se lo considere como parte del credo cristiano. Aun así nos regocijamos en la profundización de nuestras creencias durante las deliberaciones, y oramos para que esta Declaración que hemos firmado sea usada para la gloria de nuestro Dios y nos lleve a una nueva reforma de la Iglesia en su fe, vida y misión.

Ofrecemos este Documento en un espíritu de amor y humildad, no de disputa. Por la gracia de Dios, deseamos mantener este espíritu a través de cualquier diálogo futuro que surja a causa de lo que hemos dicho. Reconocemos sinceramente que muchos de los que niegan la inerrabilidad de las Escrituras, no muestran las consecuencias de este rechazo en el resto de sus creencias y conducta, y estamos plenamente consientes de que nosotros, los que aceptamos esta doctrina, muy seguido la rechazamos en la vida diaria, por no someter nuestros pensamientos, acciones, tradiciones y hábitos a la Palabra de Dios.

Nos gustaría saber las reacciones que tengan los que hayan leído esta Declaración y vean alguna razón para enmendar las afirmaciones acerca de las Escrituras, siempre basándose en las mismas, sobre cuya autoridad infalible nos basamos. Estaremos muy agradecidos por cualquier ayuda que nos permita reforzar este testimonio acerca de la Palabra de Dios, y no pretendemos tener infalibilidad personal sobre la atestación que presentamos, estaremos agradecidos por cualquier ayuda que nos permita fortalecer este testimonio de la Palabra de Dios.

UNA DECLARACION BREVE

1. Dios, que es la Verdad misma y dice solamente la verdad, ha inspirado las Sagradas Escrituras para de este modo revelarse al mundo perdido a través de Jesucristo como Creador y Señor, Redentor y Juez. Las Sagradas Escrituras son testimonio de Dios acerca de sí mismo.

2. Las Sagradas Escrituras, siendo la Palabra del propio Dios, escrita por hombres preparados y dirigidos por su Espíritu, tienen autoridad divina infalible en todos los temas que tocan; deben ser obedecidas como mandamientos de Dios en todo lo que ellas requieren; deben de ser acogidas como garantía de Dios en todo lo que prometen.

3. El Espíritu Santo, autor divino de las Escrituras, las autentifica en nuestro propio espíritu por medio de su testimonio y abre nuestro entendimiento para comprender su significado.

4. Siendo completa y verbalmente dadas por Dios, las Escrituras son sin error o falta en todas sus enseñanzas, tanto en lo que declaran acerca de los actos de creación de Dios, acerca de los eventos de la historia del mundo, acerca de su propio origen literario bajo la dirección de Dios, como en su testimonio de la gracia redentora de Dios en la vida de cada persona.

5. La autoridad de la Escrituras es inevitablemente afectada si esta inerrancia divina es de algún modo limitada o ignorada, o es sometida a cierta

opinión de la verdad que es contraria a la de la Biblia; tales posiciones ideológicas causan grandes pérdidas al individuo y a la Iglesia.

ARTÍCULOS DE AFIRMACIÓN Y DE NEGACIÓN

ARTÍCULO I

Afirmamos que las Santas Escrituras deben de ser recibidas como la absoluta Palabra de Dios.

Negamos que las Escrituras reciban su autoridad de la Iglesia, de la tradición o de cualquier otra fuente humana.

ARTÍCULOII

Afirmamos que las Escrituras son la suprema norma escrita por la cual Dios enlaza la conciencia, y que la autoridad de la Iglesia está bajo la autoridad de las Escrituras.

Negamos que los credos de la Iglesia, los concilios o las declaraciones tengan mayor o igual autoridad que la autoridad de la Biblia.

ARTÍCULO III

Afirmamos que la Palabra escrita es en su totalidad la revelación dada por Dios.

Negamos que la Biblia sea simplemente un testimonio de la revelación, o sólo se convierta en revelación cuando haya contacto con ella, o dependa de la reacción del hombre para confirmar su validez.

ARTÍCULO IV

Afirmamos que Dios, el cual hizo al hombre en su imagen, usó el lenguaje como medio para comunicar su revelación.

Negamos que el lenguaje humano esté tan limitado por nuestra humanidad que sea inadecuado como un medio de revelación divina. Negamos además que la corrupción de la cultura humana y del lenguaje por el pecado haya coartado la obra de inspiración de Dios.

ARTÍCULO V

Afirmamos que la revelación de Dios en las Sagradas Escrituras fue hecha en una forma progresiva.

Negamos que una revelación posterior, la cual puede completar una revelación inicial, pueda en alguna forma corregirla o contradecirla. Negamos además que alguna revelación normativa haya sido dada desde que el Nuevo Testamento fue completado.

ARTÍCULO VI

Afirmamos que las Sagradas Escrituras en su totalidad y en cada una de sus partes, aun las palabras escritas originalmente, fueron divinamente inspiradas.

Negamos que la inspiración de las Escrituras pueda ser considerada como correcta solamente en su totalidad al margen de sus partes, o correcta en alguna de sus partes pero no en su totalidad.

ARTÍCULO VII

Afirmamos que la inspiración fue una obra por la cual Dios, por medio de su Espíritu y de escritores humanos, nos dio su Palabra. El origen de la Escrituras es divino. El modo usado para transmitir esta inspiración divina continúa siendo, en gran parte, un misterio para nosotros.

Negamos que esta inspiración sea el resultado de la percepción humana, o de altos niveles de concientización de cualquier clase.

ARTÍCULO VIII

Afirmamos que Dios, en su obra de inspiración, usó la personalidad característica y el estilo literario de cada uno de los escritores que El había elegido y preparado.

Negamos que Dios haya anulado las personalidades de los escritores cuando causó que ellos usaran las palabras exactas que El había elegido.

ARTÍCULO IX

Afirmamos que la inspiración de Dios, la cual de ninguna manera les concedía omnisciencia a los autores bíblicos, les garantizaba sin embargo, que sus declaraciones eran verdaderas y fidedignas en todo a que éstos fueron impulsados a hablar y a escribir.

Negamos que la finitud o el estado de perdición de estos escritores, por necesidad o por cualquier otro motivo, introdujeran alguna distorsión de la verdad o alguna falsedad en la Palabra de Dios.

ARTÍCULO X

Afirmamos que la inspiración de Dios, en sentido estricto, se aplica solamente al texto autográfico de las Escrituras, el cual gracias a la providencia de Dios, puede ser comprobado con gran exactitud por los manuscritos que están a la disposición de todos los interesados. Afirmamos además que las copias y traducciones de la Escrituras son la Palabra de Dios hasta el punto en que representen fielmente los manuscritos originales.

Negamos que algún elemento esencial de la fe cristiana esté afectado por la ausencia de los textos autográficos. Negamos además de que la ausencia de dichos textos resulte en que la reafirmación de la inerrabilidad bíblica sea considerada como inválida o irrelevante.

ARTÍCULO XI

Afirmamos que las Escrituras, habiendo sido divinamente inspiradas, son infalibles de modo que nunca nos podrían engañar, y son verdaderas y fiables en todo lo referente a los asuntos que trata.

Declaración de Infabilidad de las Escrituras

Negamos que sea posible que la Biblia en sus declaraciones, sea infalible y errada al mismo tiempo. La infalibilidad y la inerrabilidad pueden ser diferenciadas pero no separadas.

ARTÍCULO XII

Afirmamos que la Biblia es inerrable en su totalidad y está libre de falsedades, fraudes o engaños.

Negamos que la infalibilidad y la inerrabilidad de la Biblia sean sólo en lo que se refiera a temas espirituales, religiosos o redentores, y no a las especialidades de historia y ciencia. Negamos además que las hipótesis científicas de la historia terrestre puedan ser usadas para invalidar lo que enseñan las Escrituras acerca de la creación y del diluvio universal.

ARTÍCULO XIII

Afirmamos que el uso de la palabra inerrabilidad es correcto como término teológico para referirnos a la completa veracidad de las Escrituras.

Negamos que sea correcto evaluar las Escrituras de acuerdo con las normas de verdad y error que sean ajenas a su uso o propósito. Negamos además que la inerrabilidad sea invalidada por fenómenos bíblicos como la falta de precisión técnica moderna, las irregularidades gramaticales u ortográficas, las descripciones observables de la naturaleza, el reportaje de falsedades, el uso de hipérboles y de números completos, el arreglo temático del material, la selección de material diferente en versiones paralelas, o el uso de citas libres.

ARTÍCULO XIV

Afirmamos la unidad y consistencia intrínsecas de las Escrituras.

Negamos que presuntos errores y discrepancias que todavía no hayan sido resueltos menoscaben las verdades declaradas en la Biblia.

ARTÍCULO XV

Afirmamos que la doctrina de la inerrabilidad está basada en la enseñanza bíblica acerca de la inspiración. Negamos que las enseñanzas de Jesús acerca de las Escrituras puedan ser descartadas por apelaciones a complacer a acomodarse a sucesos de actualidad, o por cualquier limitación natural de su humanidad.

ARTÍCULO XVI

Afirmamos que la doctrina de la inerrabilidad ha sido esencial durante la historia de la Iglesia en lo que a su fe se refiere.

Negamos que la inerrabilidad sea una doctrina inventada por el protestantismo académico, o de que sea una posición reaccionaria postulada en respuesta a una crítica negativa de alto nivel intelectual.

ARTÍCULO XVII

Afirmamos que el Espíritu Santo da testimonio de las Escrituras y asegura a los creyentes de la veracidad de la Palabra escrita de Dios.

Negamos que este testimonio del Espíritu Santo obre separadamente de las Escrituras o contra ellas.

ARTÍCULO XVIII

Declaración de Infabilidad de las Escrituras

Afirmamos que el texto de las Escrituras debe interpretarse por la exégesis gramática histórica, teniendo en cuenta sus formas y recursos literarios, y de que las Escrituras deben ser usadas para interpretar cualquier parte de sí mismas.

Rechazamos la legitimidad de cualquier manera de cambio del texto de las Escrituras, o de la búsqueda de fuentes que puedan llevar a que sus enseñanzas se consideren relativas y no históricas, descartándolas o rechazando su declaración de autoría.

ARTÍCULO XIX

Afirmamos que una confesión de la completa autoridad, infalibilidad e inerrabilidad de las Escrituras es fundamental para tener una comprensión sólida de la totalidad de la fe cristiana. Afirmamos además que dicha confesión tendría que llevamos a una mayor conformidad a la imagen de Jesucristo.

Negamos que dicha confesión sea necesaria para ser salvo. Negamos además, sin embargo, de que esta inerrabilidad pueda ser rechazada sin que tenga graves consecuencias para el individuo y para la Iglesia.[1]

[1] Declaración de Infabilidad de las Escrituras https://sdejesucristo.org/wp-content/uploads/2017/03/declaracion_de_infalibilidad.pdf

Conclusión

Mi esperanza es que veas tu historia en *la historia*. La historia de la Biblia debe recordarte que no eres protagonista. Aunque Dios nos ama entrañablemente, no somos personajes principales en esta historia. Tú existes para Dios; Él no existe para ti. Tú y yo somos amadas por un Dios eterno, pero estamos para conocerlo, y a medida que lo conocemos, debemos vivir cada vez más en respuesta a ese conocimiento.

Aun así, no pierdas de vista en cada página de las Escrituras que Dios es más grande que tu situación actual, e incluso mayor que tu incapacidad de verlo tal como es. Él conoce tus limitaciones y aun así te invita a traer tu desorden, tu incapacidad, tu falta de hambre por la Palabra y acercarte a Él. Aunque no lo hayas logrado ayer, hoy Sus misericordias son nuevas (Lam. 3:22-23).

Hoy es un nuevo día para tomar un libro de la Biblia y decidir profundizar. Hoy es un día nuevo para que Dios transforme la fibra más profunda de tus pensamientos y cambie tus opiniones por la voluntad de Él. Hoy es un nuevo día para que tus afectos puedan venir ¡y ver que el Señor es bueno! (Sal. 34:8-11). Dichosa eres por confiar en Él, en Su verdad, en Su amor revelado en Su Palabra. La misma Palabra que ha sostenido a otros santos, escogidos y amados a través de toda la historia humana te sostendrá hoy a ti.

Hoy es un día para que, en humildad, te rindas a Su señorío indiscutible aun en las cosas que no puedes entender completamente. Hoy es el día para que, al venir a Su Palabra, tus argumentos sean derribados, tus opiniones anuladas y decidas abrazar la verdad de Dios como necesaria, infalible y útil para traer claridad a tu confusión, vida a tu apatía, gozo y esperanza a tu tristeza, paz en la ira y la tormenta.

Si Él es el Creador, por tanto, Él determina el orden, los límites y el funcionamiento de toda Su creación, incluida tu vida. No estamos a merced de la naturaleza; estamos a merced de Su mano. Tenemos una responsabilidad con la creación por amor al Creador. No somos dueñas, sino solo administradoras. Permite que, en Su Palabra, Dios te recuerde el propósito por el cual estás en esa tierra. Porque en Su plan y control eterno, eres una parte pequeña de Su historia, pero eres parte de esa historia. Tu vida y tus decisiones importan.

Hoy eres llamada hija, coheredera con Cristo, y todo por Él y para Él. En Su amor eterno, Él te ha prolongado misericordia junto a millones de santos. En palabras de Pedro, abraza la verdad, escudríñala y vívela:

> Acerca de esta salvación, los profetas que profetizaron de la gracia que vendría a ustedes, diligentemente inquirieron y averiguaron, procurando saber qué persona o tiempo indicaba el Espíritu de Cristo dentro de ellos, al predecir los sufrimientos de Cristo y las glorias que seguirían. A ellos les fue revelado que no se servían a sí mismos, sino a ustedes, en estas cosas que ahora les han sido anunciadas mediante los que les predicaron el evangelio por el Espíritu Santo enviado del cielo; cosas a las cuales los ángeles anhelan mirar. Por tanto, preparen su entendimiento para la acción. Sean sobrios en espíritu, pongan su esperanza completamente en la gracia que se les traerá en la revelación de Jesucristo. Como hijos obedientes, no se conformen a los deseos que antes tenían en su ignorancia, sino que así como Aquel que los llamó es Santo, así también sean ustedes santos en toda su manera de vivir. Porque escrito está: «Sean santos, porque Yo soy santo». Y si invocan como Padre a Aquel que imparcialmente juzga según la obra de cada uno, condúzcanse con temor durante el tiempo de su peregrinación (1 Ped. 1:10-17).

Esta peregrinación pasará. Los sufrimientos presentes pasarán. Las confusiones y el no entender pasarán. Tus incapacidades, negligencias, falta de energía y limitaciones pasarán. Pero Su Palabra no pasará. ¿Por qué no empezar desde hoy a sumergirte en este mar de Su Palabra que estará por la eternidad? Al sumergirte en Su Palabra, te sumerges en Dios, en Su abrazo, Su voluntad, Su presencia y Su amor. Eso es para todas, por eso la Biblia es para todas.